Origami

PREMIO

PREMIO ist ein Imprint der Arcturus Publishing Limited, London,
und der Premio Verlag GmbH, Münster

Modelle und Fotos: Belinda Webster, Michael Wiles
Text: Lisa Miles
Layout: Emma Randall
Übersetzung aus dem Englischen: Wiebke Krabbe, Damlos
Redaktion und Satz: lesezeichen Verlagsdienste, Köln

ISBN: 978-3-86706-213-8
CH002209DE
Lieferant 13, Datum 0814, Druck 3552

Gedruckt in China 2014

www.premio-verlag.de

Inhalt

DAS WICHTIGSTE

IM MEER

AUF DEM BAUERNHOF

IN FREIER NATUR

IM HAUS

IN DER LUFT

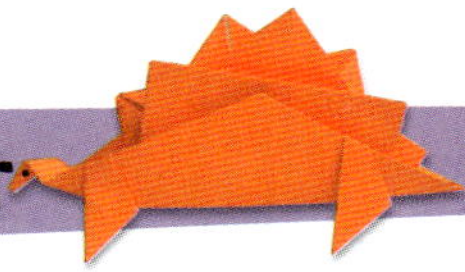

IN GRAUER VORZEIT

Das Wichtigste

Origami wurde vor Jahrhunderten in Japan erfunden und ist heute in aller Welt bekannt. Aus einem einzigen Blatt Papier kannst Du viele tolle Figuren falten. Dieses Buch zeigt Dir, wie es gemacht wird.

Für Origami benutzt man dünnes Papier. Es muss trotzdem stabil sein, damit es viele Male gefaltet werden kann, ohne zu reißen. Meist hat es eine farbige und eine weiße Seite. Du kannst aber auch anderes Papier benutzen, das nicht zu dick ist.

Für verschiedene Origami-Figuren werden dieselben Faltungen und Grundformen benutzt. In dieser Einleitung werden einige der Faltungen und Grundformen erklärt, die Du für die Figuren in diesem Buch kennen solltest. Hier kannst Du auch nachlesen, was die Pfeile und anderen Symbole in den Anleitungen bedeuten. Denk daran, das Papier immer sauber, exakt und scharf zu falten.

ZEICHENERKLÄRUNG

Talfalte - - - - - - - - - - - -

Bergfalte ••••••••••••••••

Stufenfalte (Berg- und Talfalte nebeneinander)

Papier in diese Richtung drehen

In diese Richtung drücken oder ziehen

BERGFALTE

Falte das Papier so, dass der Kniff nach oben zeigt – es entsteht ein Berg.

TALFALTE

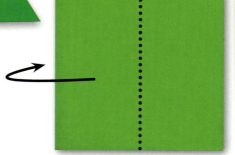

Das Papier wird so gefaltet, dass der Kniff von Dir weg zeigt – es entsteht ein Tal.

GEGENBRUCH NACH INNEN FALTEN

Den „Gegenbruch nach innen" falten brauchst Du für Nasen und Schwänze, oder um die Form eines anderen Teils flach zu falten.

1 Falte das Blatt Papier diagonal. In eine Ecke eine Talfalte machen und scharf kniffen.

2 Das Papier muss scharf geknifft sein. Streiche den Kniff mit den Fingern zwei- oder dreimal nach.

3 Entfalten und die Ecke etwas öffnen. Nur in die obere Papierlage eine Bergfalte machen.

4 Das Papier noch weiter öffnen und die Ecke nach innen drücken. (Dies ist die Ansicht von unten.)

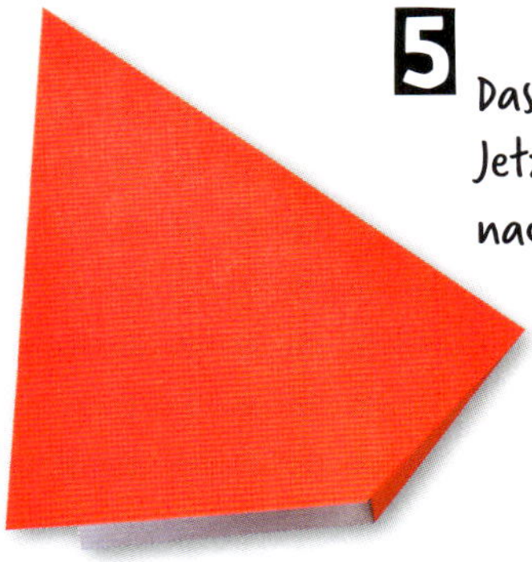

5 Das Papier glatt streichen. Jetzt den „Gegenbruch nach innen" falten – fertig.

GEGENBRUCH NACH AUSSEN FALTEN

Den „Gegenbruch nach außen" falten brauchst Du für Köpfe, Füße, Schnäbel und andere Körperteile, die vorstehen sollen.

1 Falte das Blatt Papier diagonal. In eine Ecke eine Talfalte machen und kniffen.

2 Das Papier muss scharf geknifft sein. Streiche den Kniff mit den Fingern zwei- oder dreimal nach.

3 Entfalten und die Ecke etwas öffnen. Nur in die untere Papierlage eine Bergfalte machen.

4 Die Ecke noch weiter öffnen und nach außen umklappen. Wenn das geschieht, das Papier wieder zusammenfalten.

5 Der „Gegenbruch nach außen" ist fertig. Du kannst ihn offen lassen oder das Papier glatt streichen.

GRUNDFORM DRACHEN

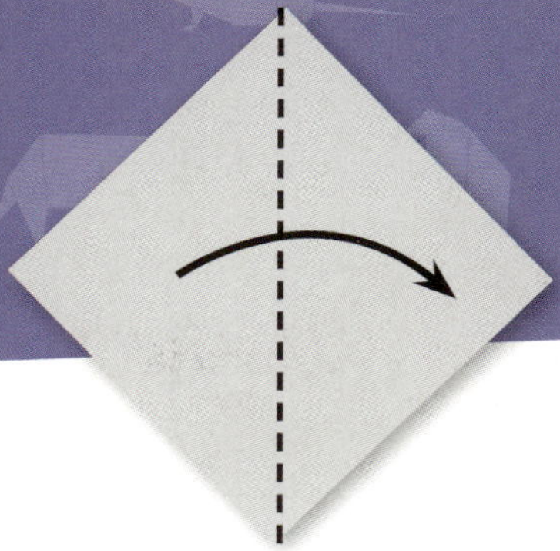

1 Eine Spitze des Papiers zeigt zu Dir. Falte es diagonal zur Hälfte (Talfalte). Wieder öffnen.

2 Die linke Kante bis an den Mittelkniff falten.

3 Auf der rechten Seite wiederholen.

4 Jetzt hast Du eine Drachen-Grundform.

GRUNDFORM FISCH

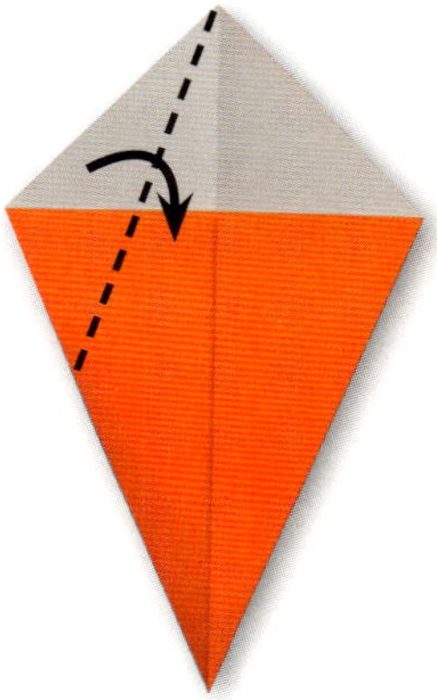

1 Eine Drachen-Grundform falten. In die linke Ecke eine Talfalte kniffen.

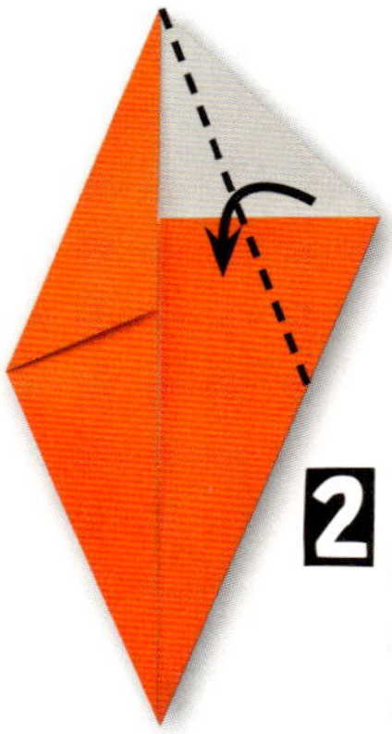

2 Auf der anderen Seite wiederholen.

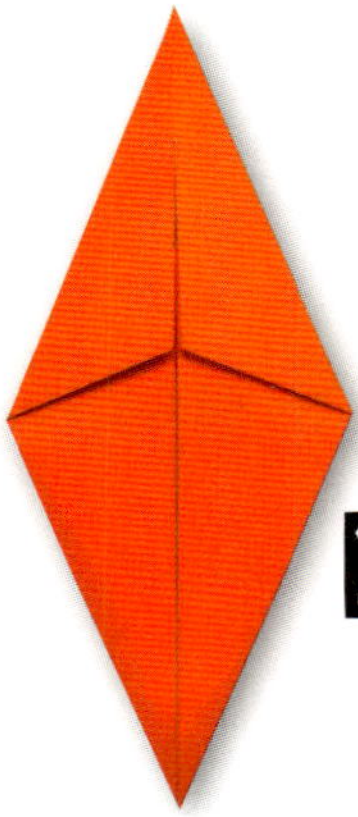

3 Jetzt sieht das Papier so aus.

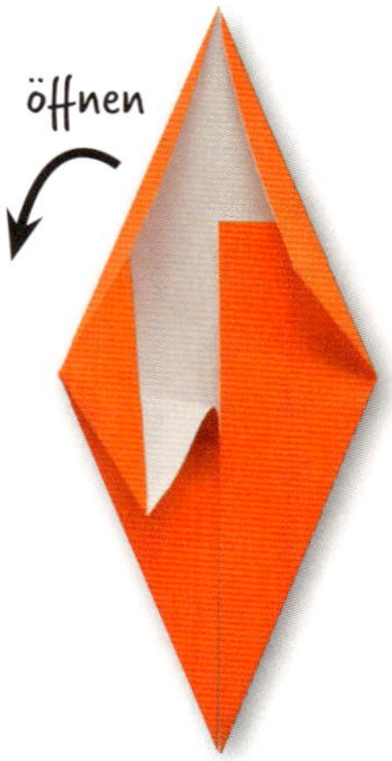

4 Die obere linke Ecke öffnen. Die innen liegende Klappe nach unten bis an den Mittelkniff ziehen. Dabei entsteht eine neue Klappe.

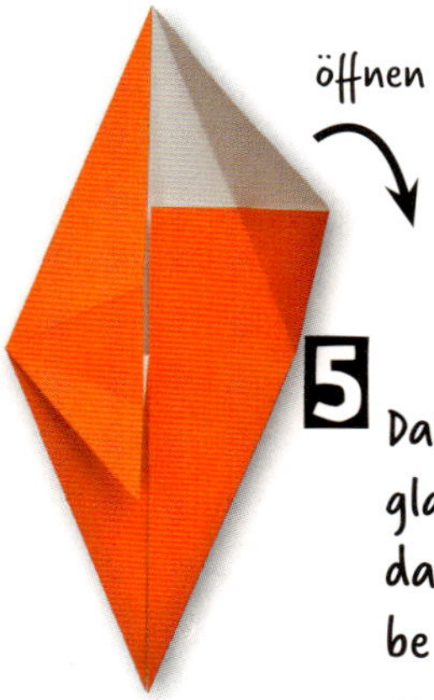

5 Das Papier glatt streichen, dann dasselbe auf der anderen Seite wiederholen.

6 Fertig ist die Fisch-Grundform.

GRUNDFORM WASSERBOMBE

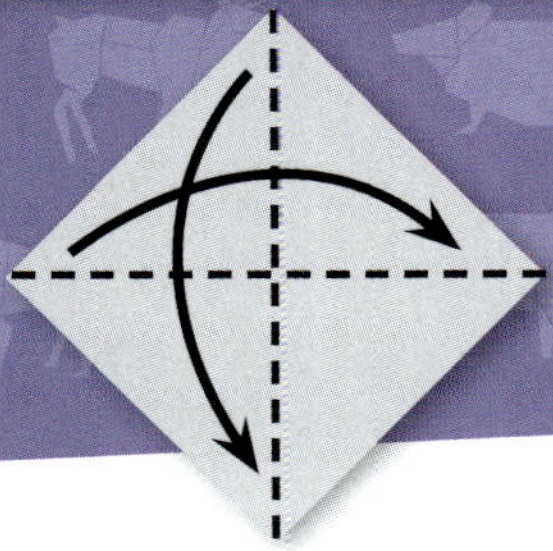

1 Das Papier zeigt mit der Spitze zu Dir. In beide Richtungen diagonale Talfalten kniffen und wieder öffnen.

2 Jetzt sieht es so aus. Das Papier wenden.

3 Längs und quer genau in der Mitte Talfalten kniffen.

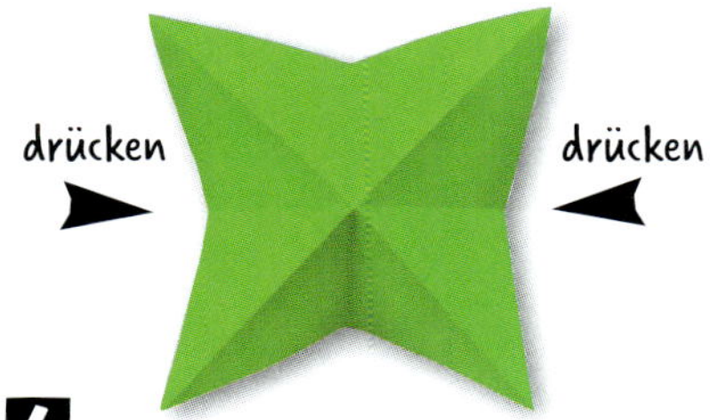

4 Die Seiten eindrücken. Die Mitte hebt sich dabei an.

5 Weiter zusammendrücken, bis Vorder- und Rückseite aufeinanderliegen.

6 Glatt streichen. So sieht die Wasserbomben-Grundform aus.

GRUNDFORM QUADRAT

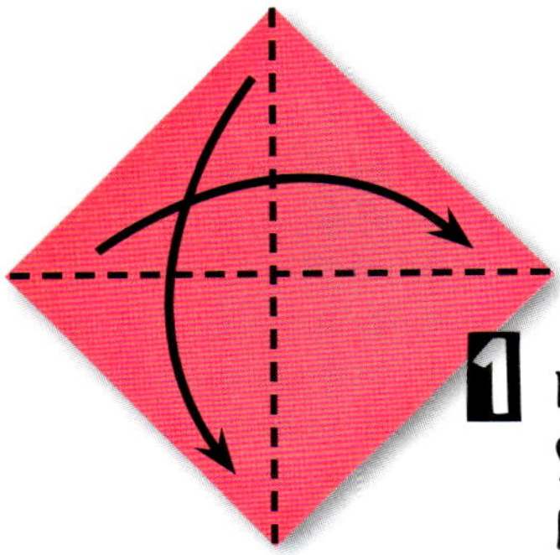

1 Das Papier zeigt mit der Spitze zu Dir. In beide Richtungen diagonale Talfalten kniffen und wieder öffnen.

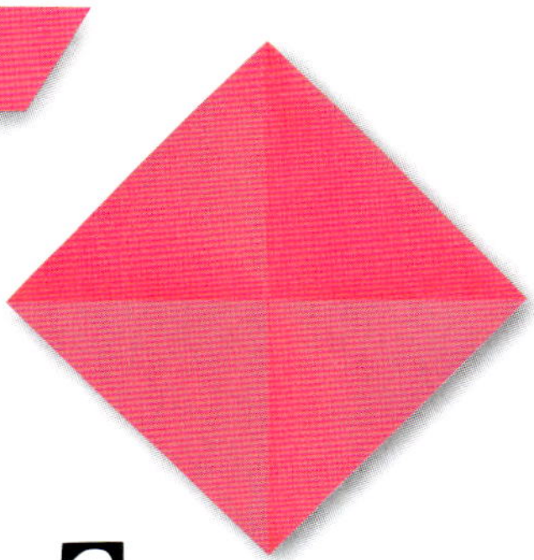

2 Jetzt sieht es so aus. Das Papier wenden.

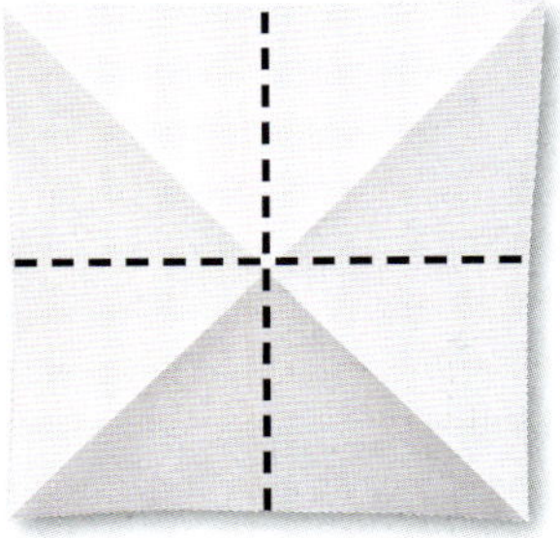

3 Längs und quer genau in der Mitte Talfalten kniffen.

4 Nun sieht das Papier so aus.

5 Das Papier an zwei gegenüberliegenden Ecken festhalten und zusammendrücken.

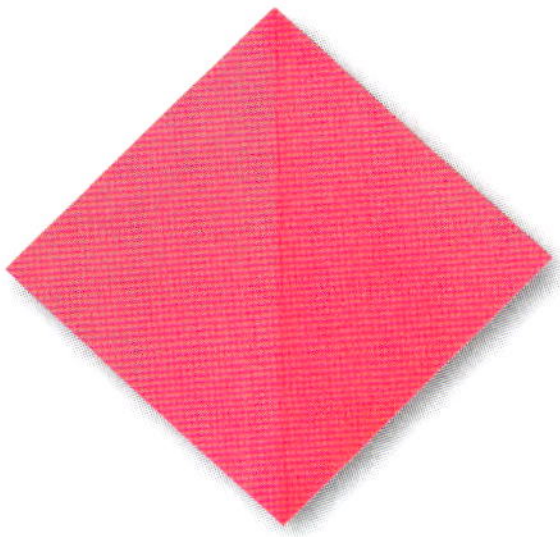

6 Glatt streichen. Diese kleine Form ist Deine Quadrat-Grundform.

GRUNDFORM VOGEL

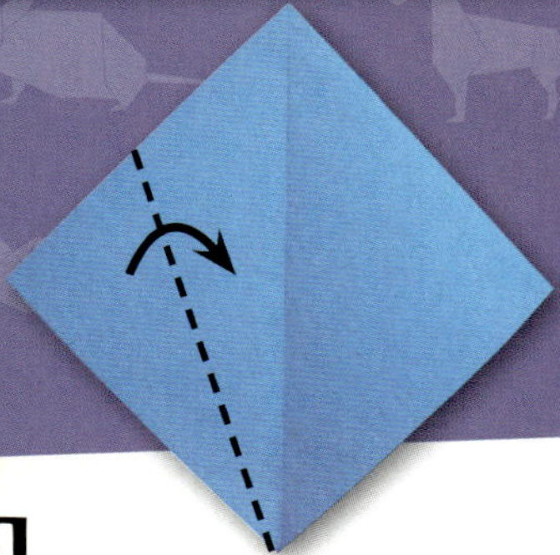

1 Falte eine Quadrat-Grundform (Seite 7). Die offene Ecke zeigt zu Dir. Die obere linke Klappe an den Mittelknick falten (Talfalte).

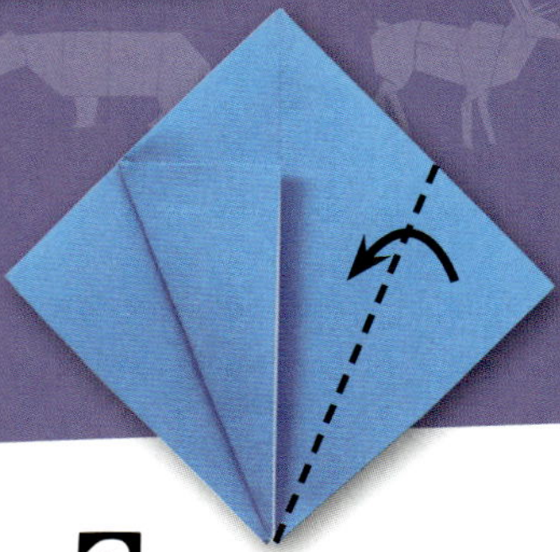

2 Auf der rechten Seite wiederholen.

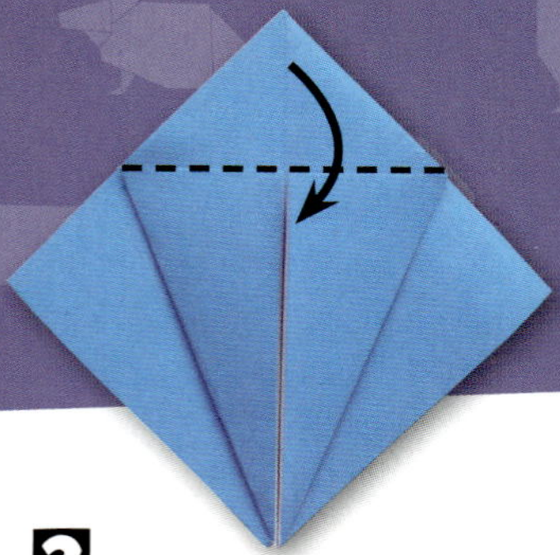

3 Die obere Spitze nach unten falten (Talfalte).

4 Spitze und Seiten wieder öffnen. Nun sieht die Form so aus.

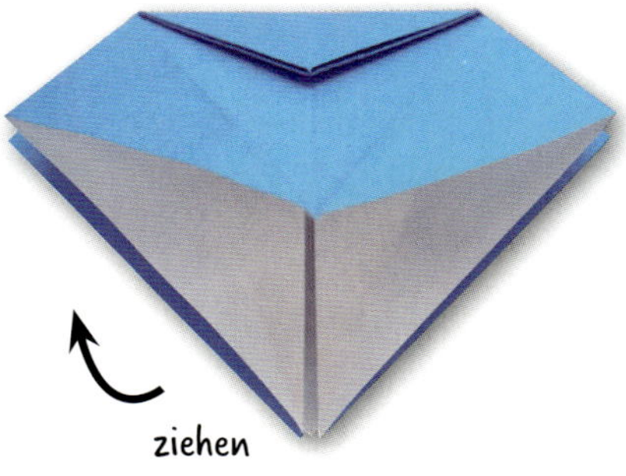

5 Die oben liegende untere Ecke anheben und vorsichtig nach oben ziehen.

6 Das Papier sieht aus wie ein Schnabel. Öffne die Klappe so weit wie möglich.

7 Das Papier glatt streichen. Jetzt hat es diese Form. Das Papier wenden.

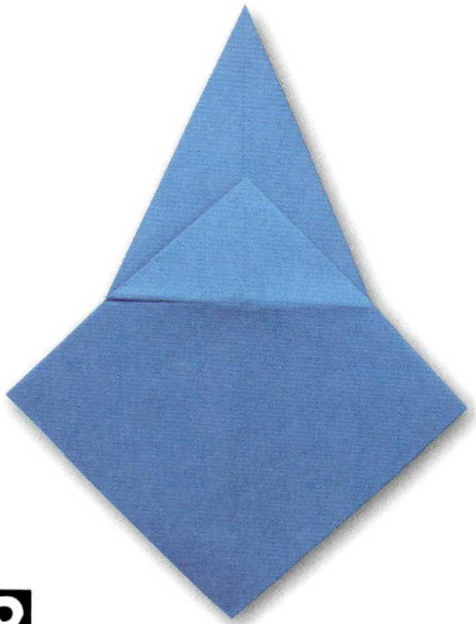

8 Nun sieht das Papier so aus. Schritt 1 bis 7 auf dieser Seite wiederholen.

9 Das ist die Vogel-Grundform. Sie hat zwischen den beiden unteren Klappen einen Schlitz.

Im Meer

In diesem Kapitel lernst Du, allerlei Meeresbewohner zu falten: vom freundlichen Delfin bis zum Rochen mit dem gefährlichen Giftstachel am Schwanz.

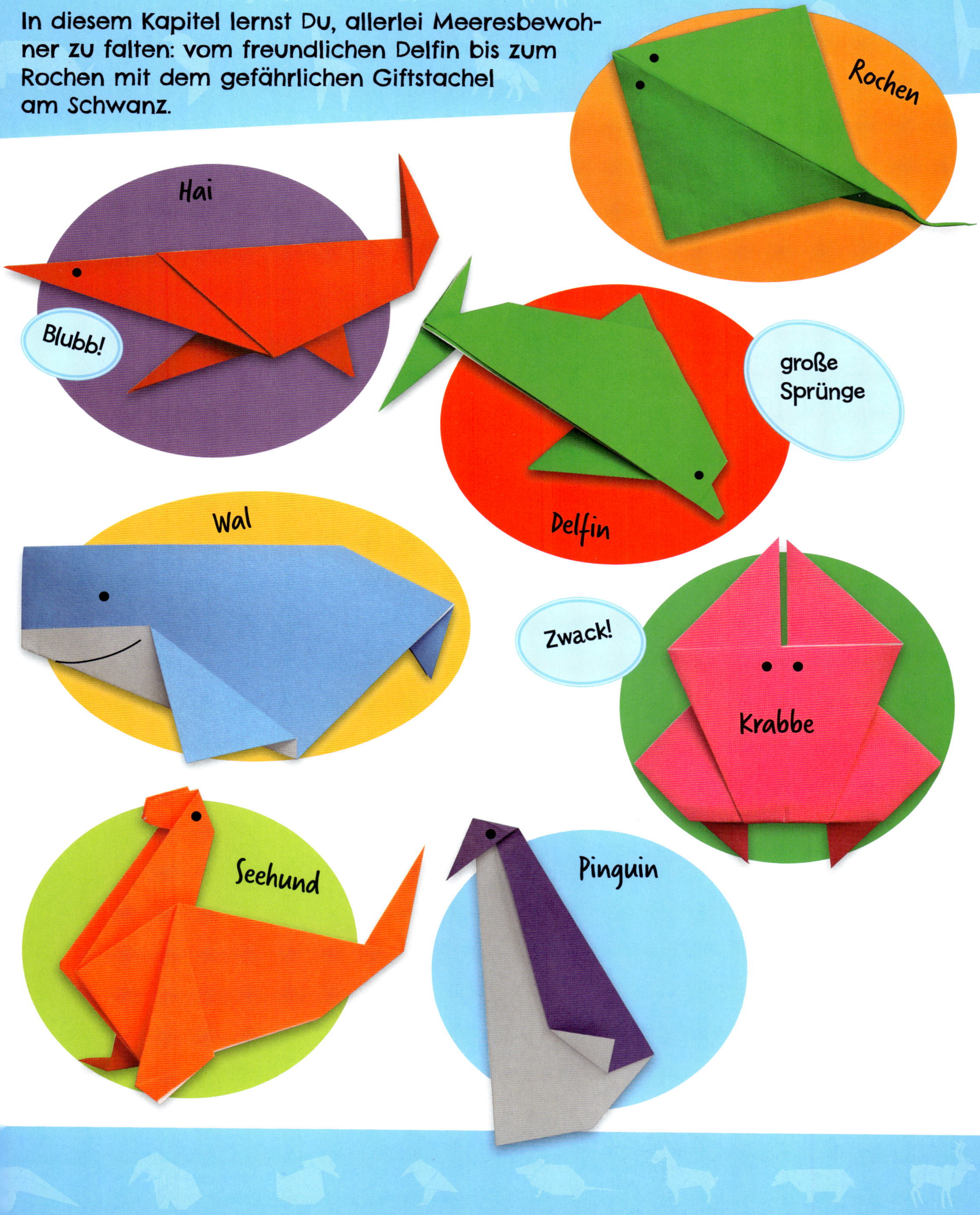

Pinguin

Der Pinguin ist ein guter Schwimmer, aber an Land kann er nur watscheln. Es macht also nichts, wenn Deine Figur etwas wackelig steht.

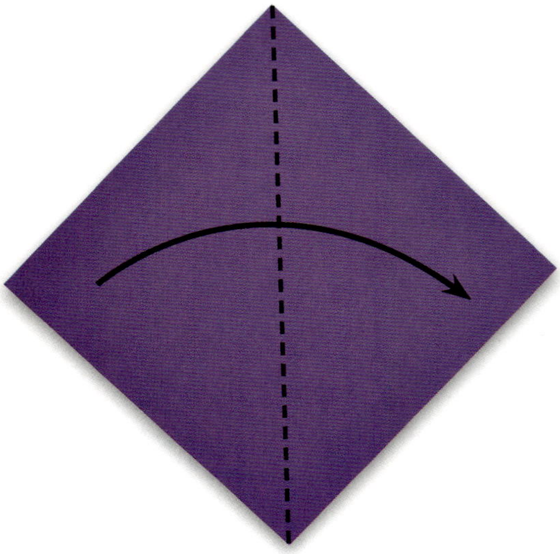

1 Das Papier zeigt mit einer Spitze zu Dir. Über Eck zur Hälfte falten (Talfalte).

2 Öffnen und wenden. Jetzt ist der Kniff eine Bergfalte. Die rechte Ecke etwas nach innen falten.

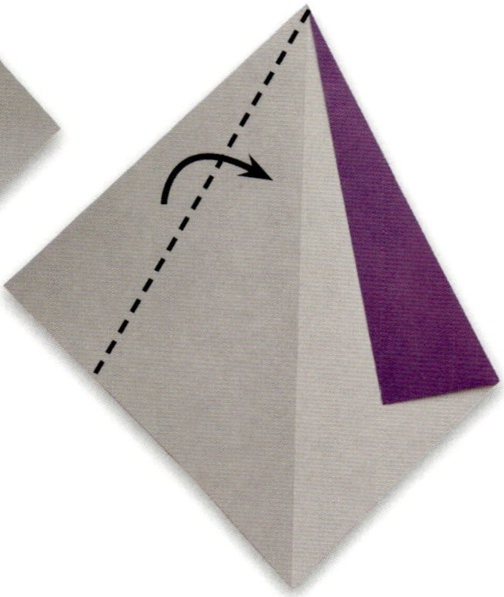

3 Auf der anderen Seite wiederholen.

4 Nun sieht Dein Papier so aus.

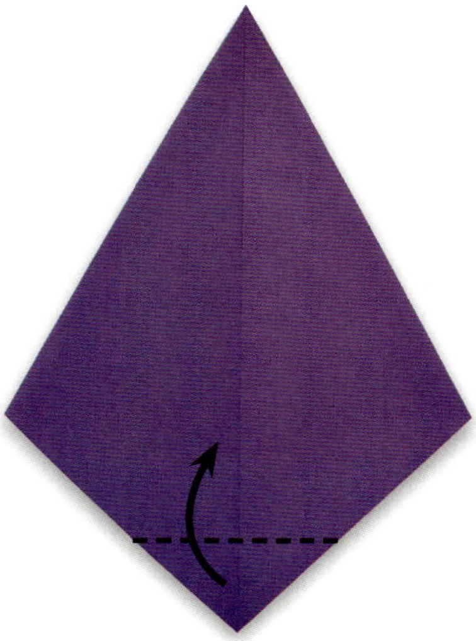

5 Das Papier wenden und die untere Spitze nach oben falten (Talfalte).

6 Die obere Spitze nach hinten falten (Bergfalte).

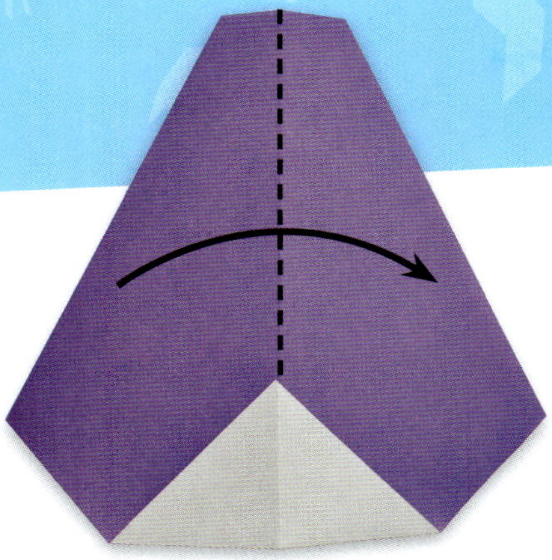

7 Das Papier von links nach rechts zur Hälfte falten (Talfalte).

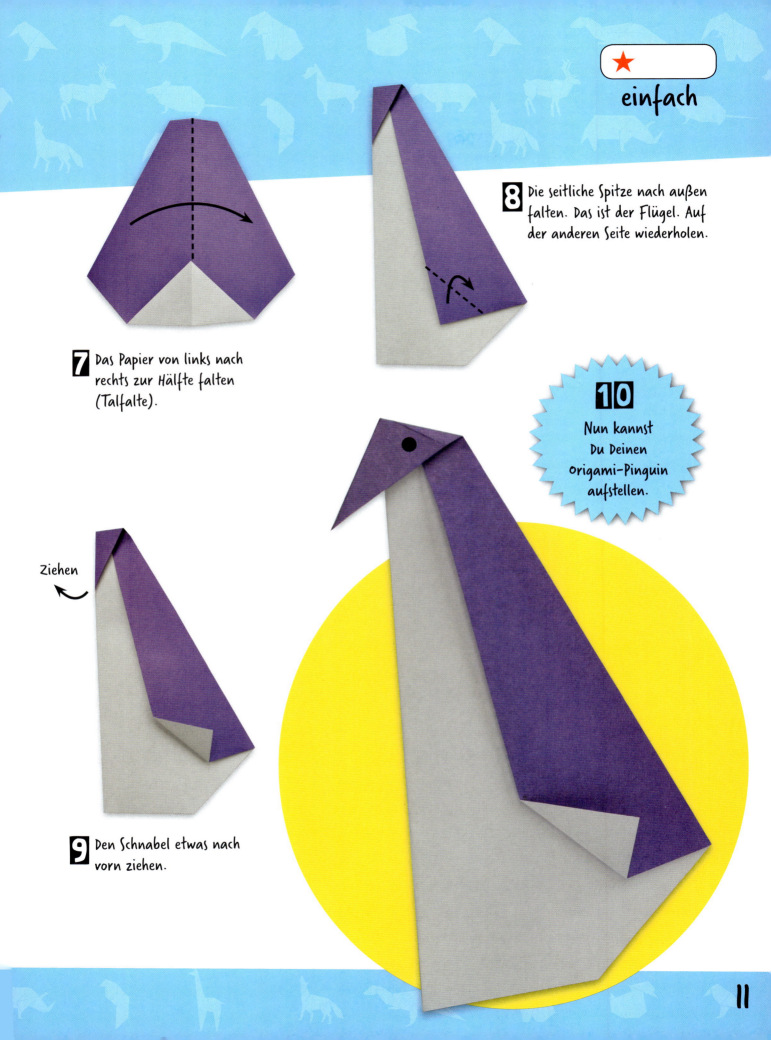

8 Die seitliche Spitze nach außen falten. Das ist der Flügel. Auf der anderen Seite wiederholen.

9 Den Schnabel etwas nach vorn ziehen.

10 Nun kannst Du Deinen Origami-Pinguin aufstellen.

Wal

Der Blauwal ist ein riesengroßes Tier! Er kann bis zu 30 Meter lang werden – das ist 200-mal so lang wie diese Origami-Figur.

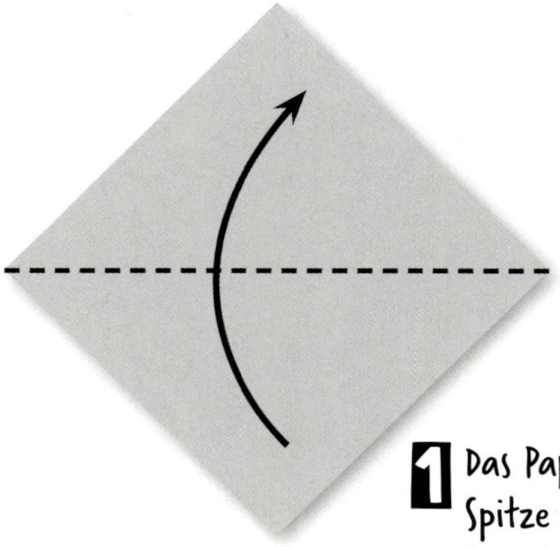

1 Das Papier zeigt mit einer Spitze zu Dir, die farbige Seite liegt unten. Von unten nach oben zur Hälfte falten (Talfalte).

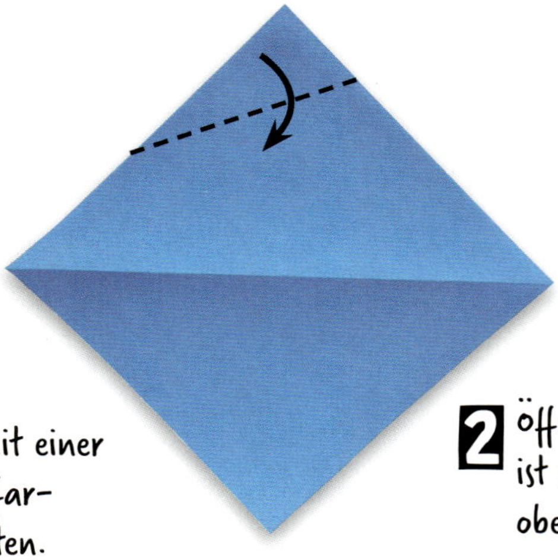

2 Öffnen und wenden. (Der Kniff ist nun eine Bergfalte.) Die obere Ecke nach unten falten.

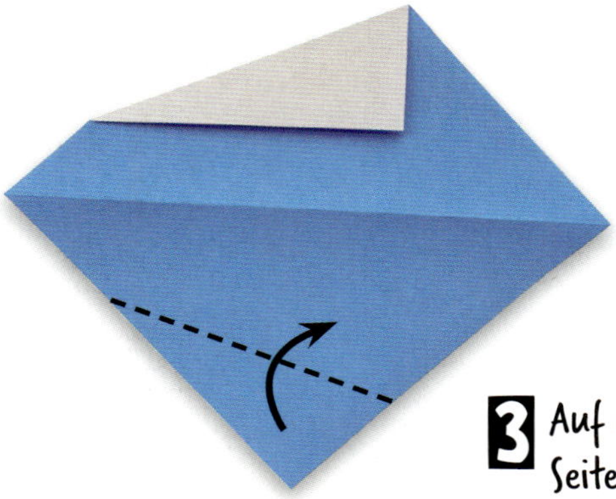

3 Auf der anderen Seite wiederholen.

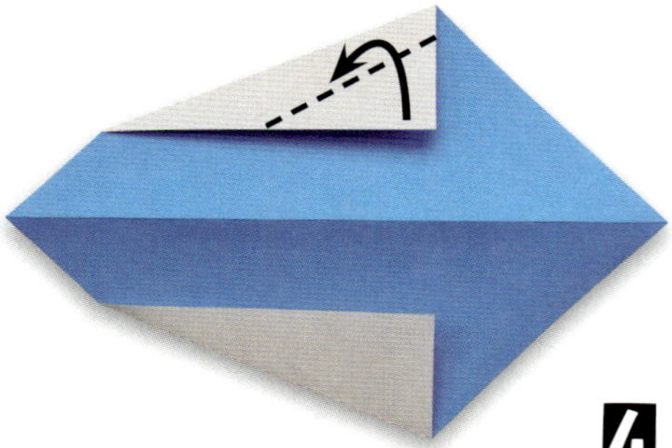

4 Die Spitze der oberen Ecke zurück falten.

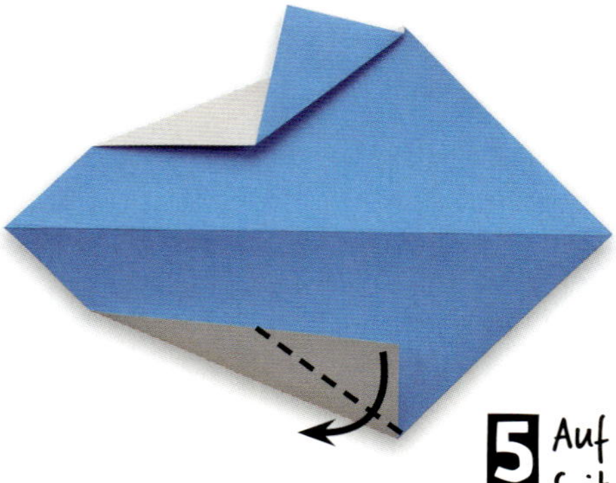

5 Auf der anderen Seite wiederholen.

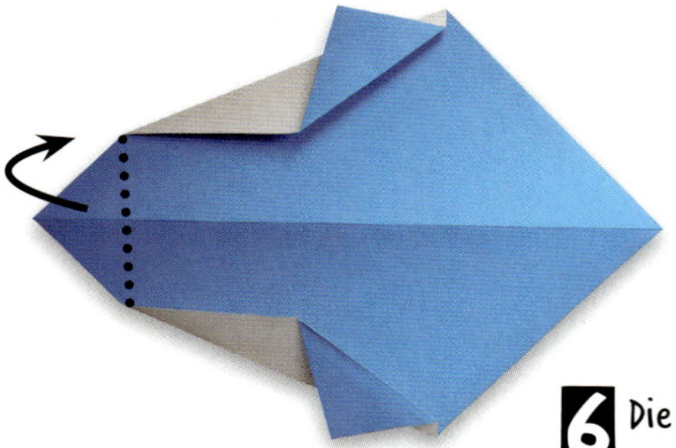

6 Die linke Spitze nach hinten falten (Bergfal

★ einfach

7 Das Papier am bereits vorhandenen Mittelkniff zur Hälfte falten (Bergfalte) und glatt streichen.

8 Die rechte Ecke nach hinten falten. Öffnen und einen „Gegenbruch nach innen" falten. Das ist der Schwanz.

9 Mund und Auge aufmalen – und fertig ist der Blauwal!

Seehund

Ähnlich wie der Pinguin kommt der Seehund an Land nur mühsam voran, aber im Wasser bewegt er sich schnell und wendig.

GRUNDFORM FISCH

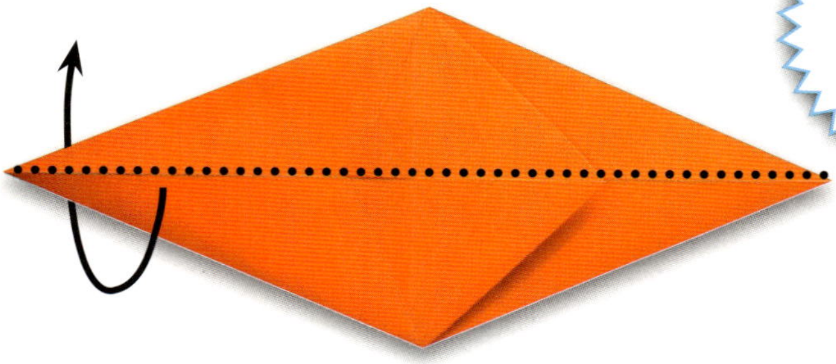

1 Falte eine Fisch-Grundform (Seite 6). Die Klappen zeigen nach rechts. Längs zur Hälfte falten: Die untere Hälfte liegt danach hinter der oberen.

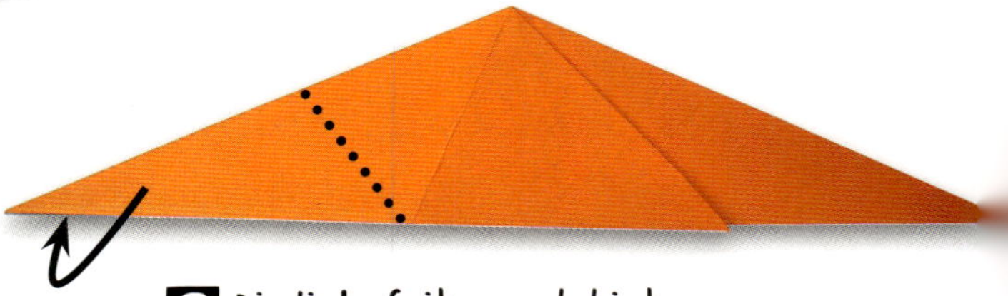

2 Die linke Spitze nach hinten falten (Bergfalte).

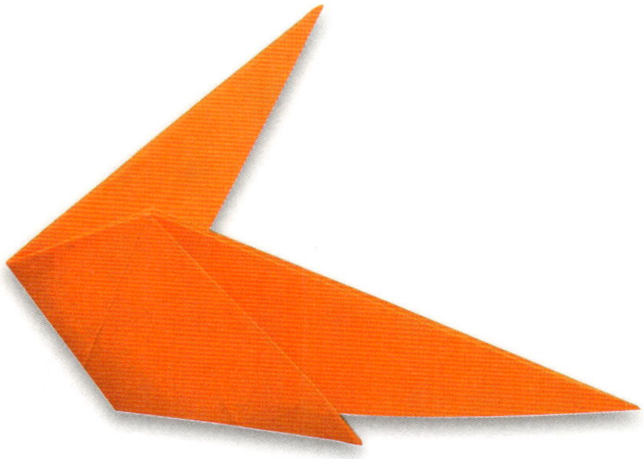

3 Öffnen. Für den Hals einen „Gegenbruch nach innen" falten.

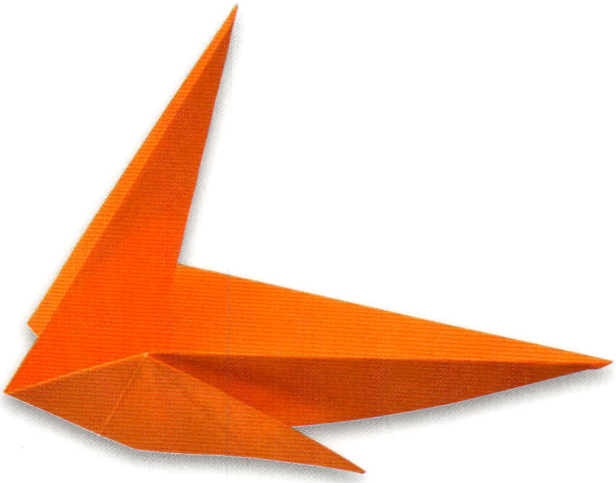

4 Von oben kannst Du jetzt in den Gegenbruch hineinsehen.

5 Die obere Spitze nach hinten falten (Bergfalte).

★★ mittel

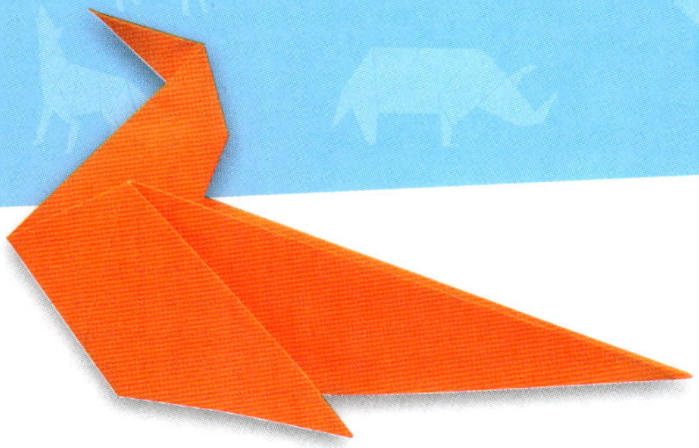

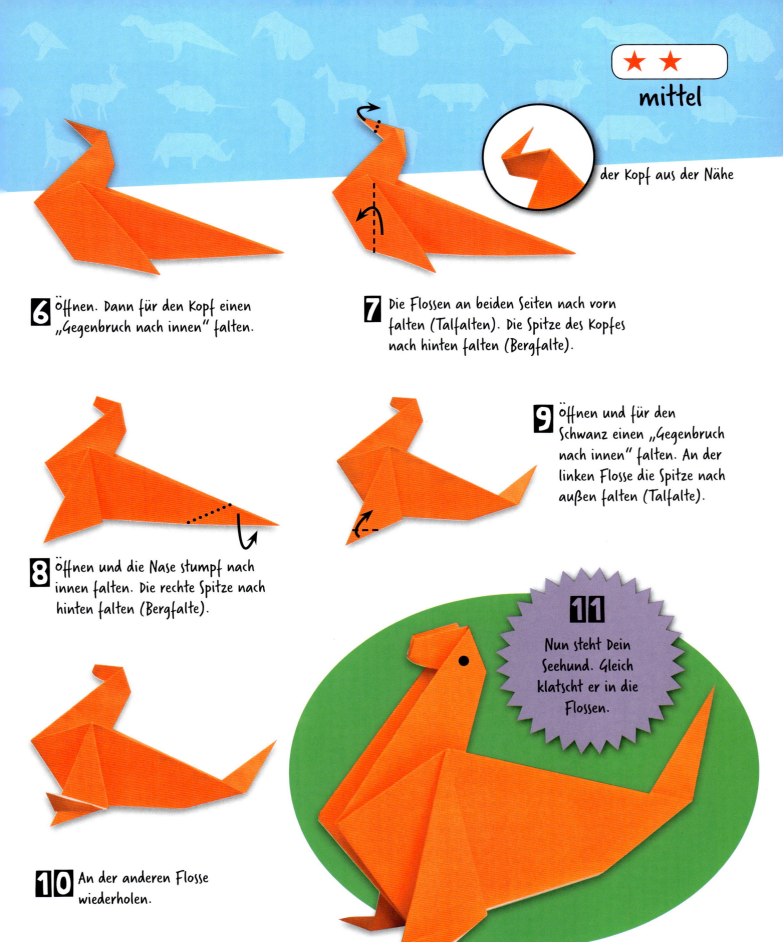

der Kopf aus der Nähe

6 Öffnen. Dann für den Kopf einen „Gegenbruch nach innen" falten.

7 Die Flossen an beiden Seiten nach vorn falten (Talfalten). Die Spitze des Kopfes nach hinten falten (Bergfalte).

9 Öffnen und für den Schwanz einen „Gegenbruch nach innen" falten. An der linken Flosse die Spitze nach außen falten (Talfalte).

8 Öffnen und die Nase stumpf nach innen falten. Die rechte Spitze nach hinten falten (Bergfalte).

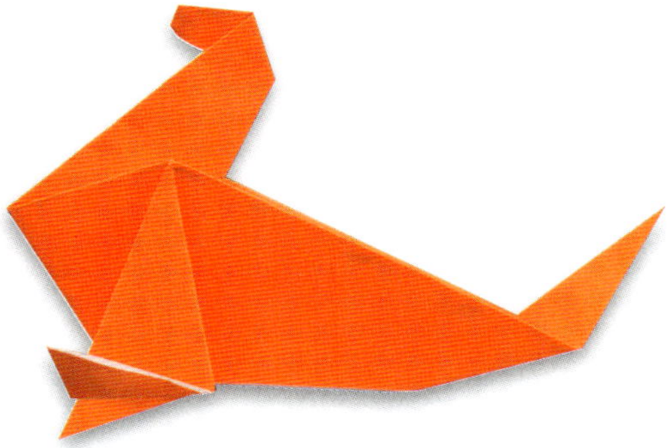

10 An der anderen Flosse wiederholen.

11 Nun steht Dein Seehund. Gleich klatscht er in die Flossen.

Delfin

Seeleute glauben, dass Delfine Glück bringen. Vielleicht wird der Origami-Delfin Dein Glücksbringer?

GRUNDFORM WASSERBOMBE

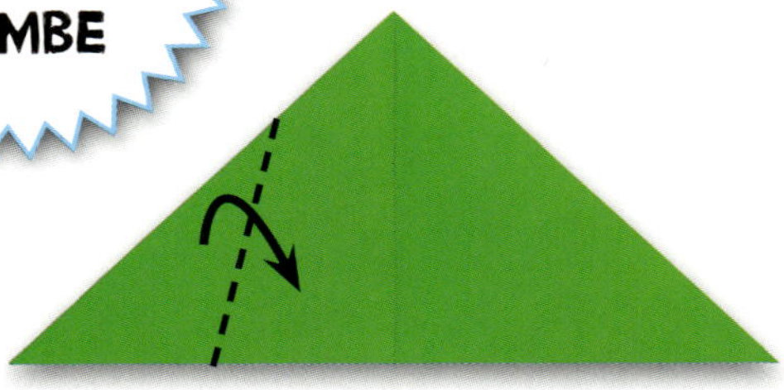

1 Falte zuerst eine Wasserbomben-Grundform (Seite 7). Die linke obere Klappe nach vorn falten (Talfalte).

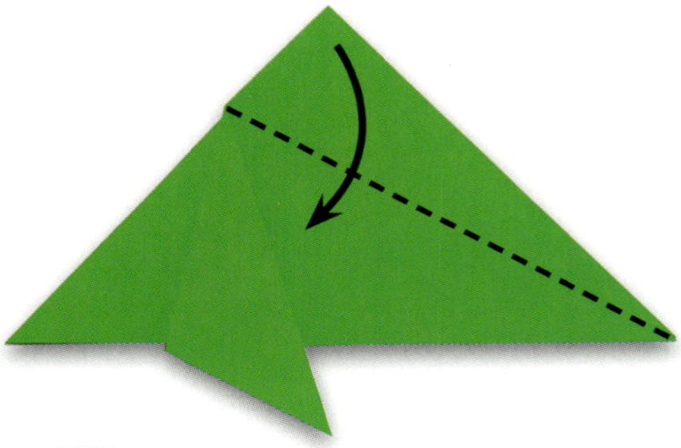

2 Die rechte obere Kante nach unten falten (Talfalte).

3 Die rechte obere Klappe nach oben falten. Das ist die Rückenflosse des Delfins.

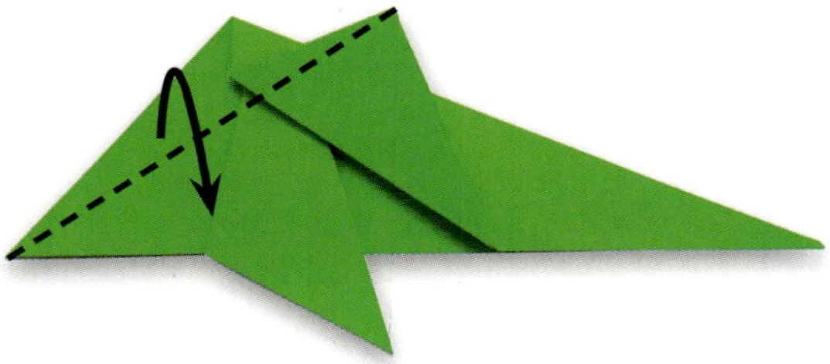

4 Die linke Kante des Papiers über alle anderen Kniffe nach unten falten. Das ist die Nase.

5 In die Nase eine Stufenfalte kniffen (zuerst Talfalte, dann Bergfalte). Dadurch wird sie noch spitzer.

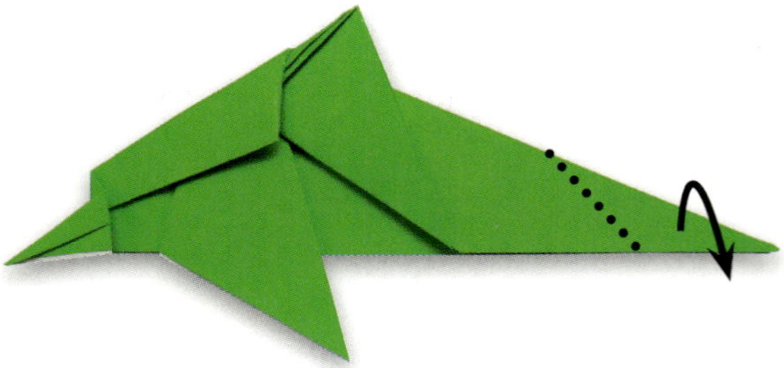

6 Die rechte Ecke so nach hinten falten (Bergfalte), dass sie nach unten zeigt. Das ist die Fluke.

★★ mittel

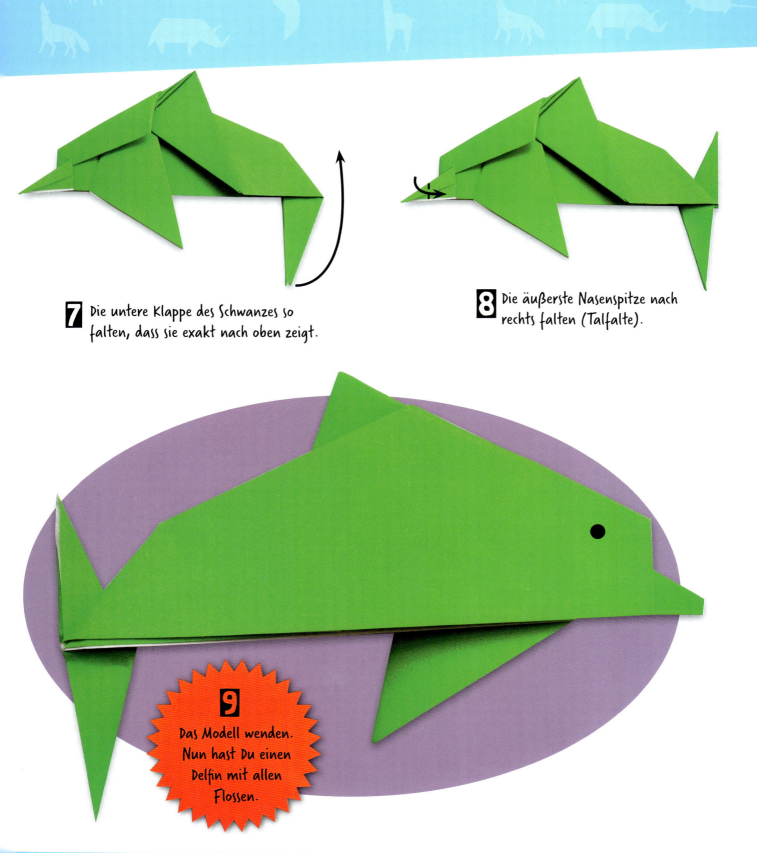

7 Die untere Klappe des Schwanzes so falten, dass sie exakt nach oben zeigt.

8 Die äußerste Nasenspitze nach rechts falten (Talfalte).

9 Das Modell wenden. Nun hast Du einen Delfin mit allen Flossen.

Krabbe

Die Krabbe hat acht Beine und läuft seitwärts. Nimm Dich vor ihren Scheren in Acht!

GRUNDFORM WASSERBOMBE

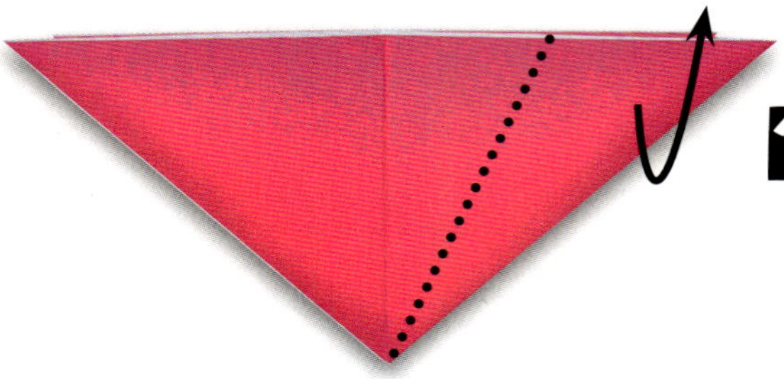

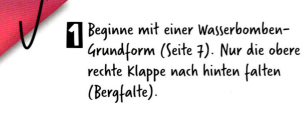

1 Beginne mit einer Wasserbomben-Grundform (Seite 7). Nur die obere rechte Klappe nach hinten falten (Bergfalte).

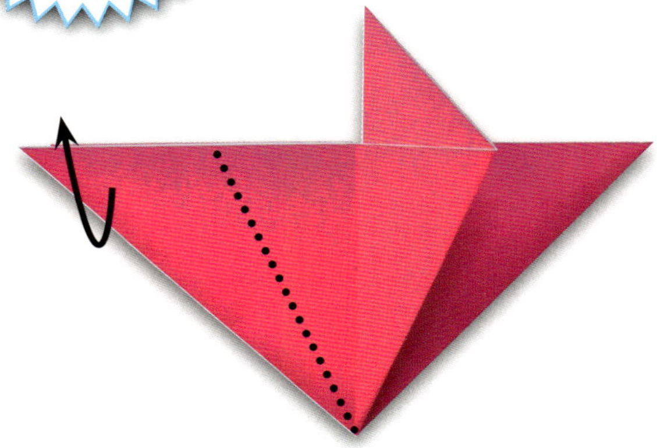

2 Auf der anderen Seite wiederholen.

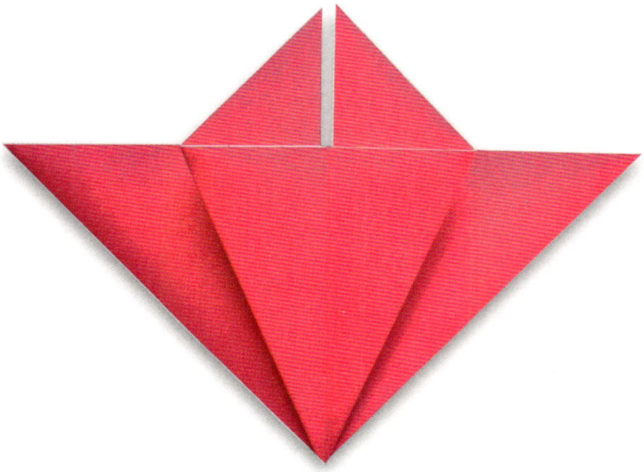

3 So sieht die Form nun aus. Die beiden oberen Spitzen müssen in der Mitte genau zusammentreffen.

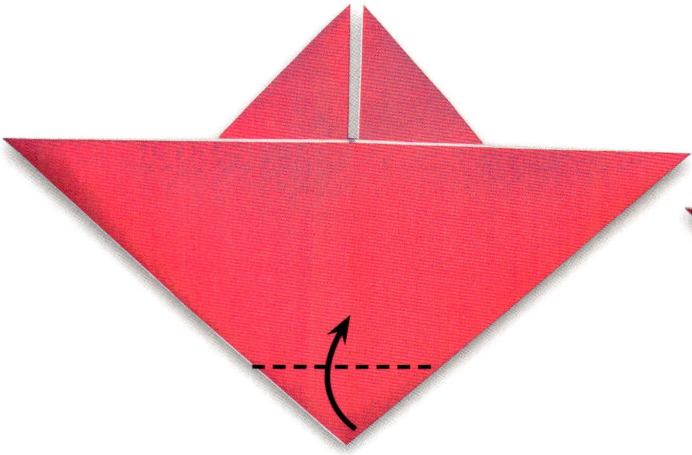

4 Das Papier wenden. Die untere Ecke nach oben falten (Talfalte).

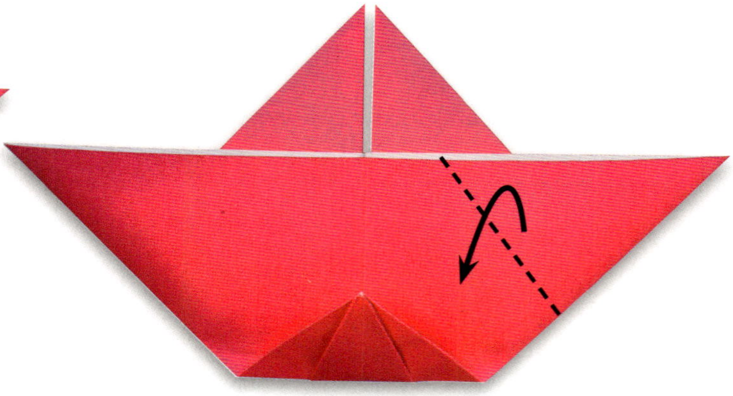

5 Die rechte Ecke nach unten falten.

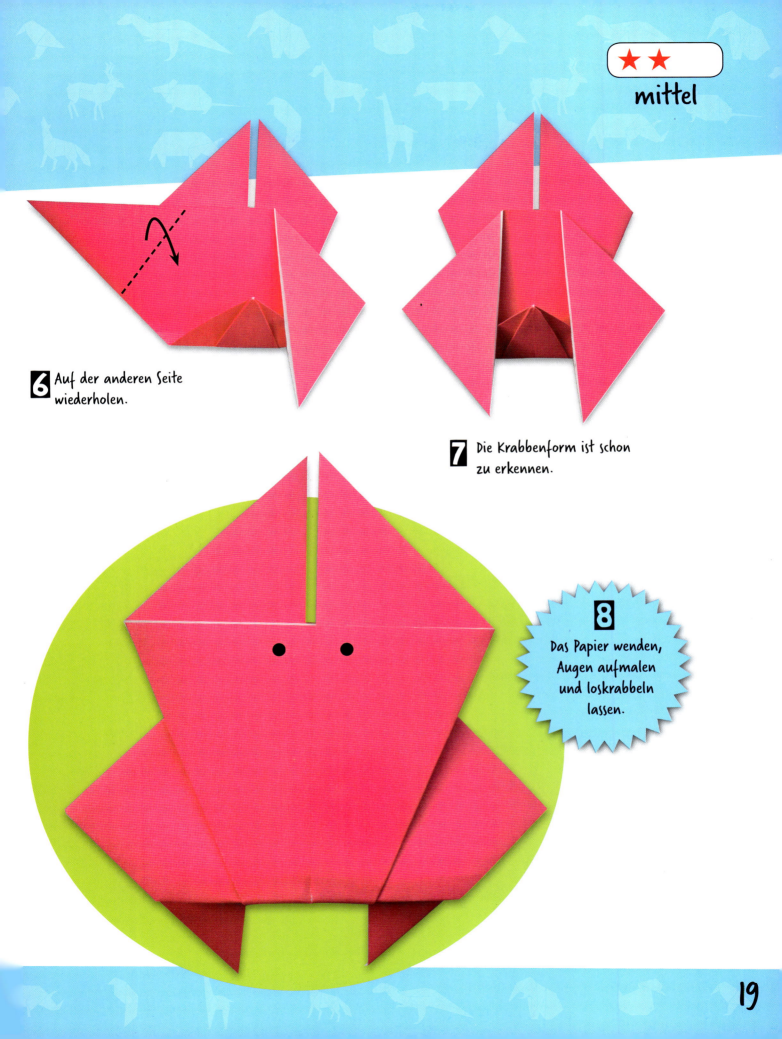

6 Auf der anderen Seite wiederholen.

7 Die Krabbenform ist schon zu erkennen.

8 Das Papier wenden, Augen aufmalen und loskrabbeln lassen.

Hai

Haie sind immer auf der Suche nach Beute. Dieser reißt sein Maul schon weit auf – gleich wird er zuschnappen.

GRUNDFORM VOGEL

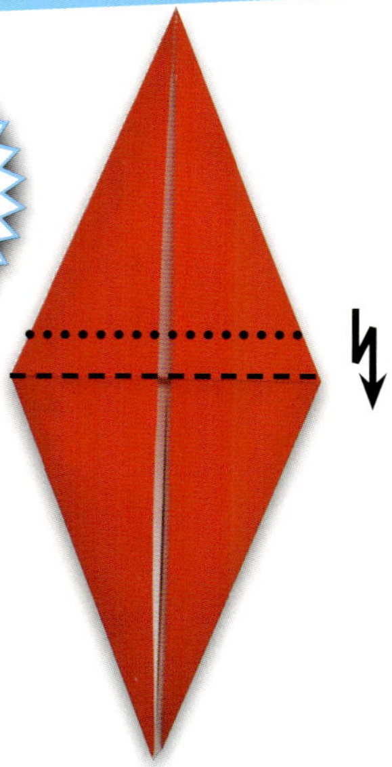

1 Beginne mit einer Vogel-Grundform (Seite 8). Der offene Schlitz zeigt nach unten. Die obere Klappe so falten, wie die Abbildung zeigt (Stufenfalte).

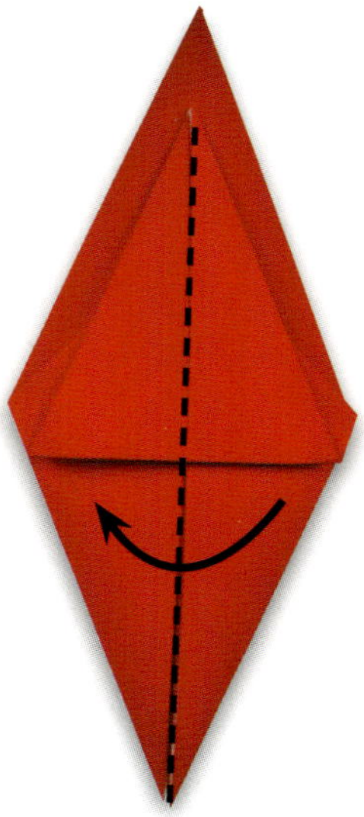

2 Die rechte Klappe der oberen Lage entlang der Mitte nach links falten (Talfalte).

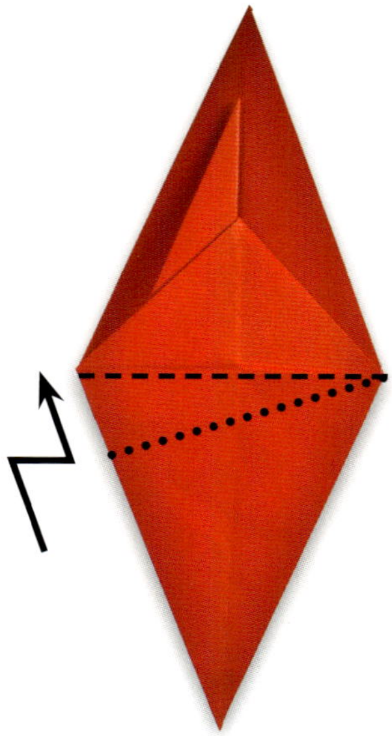

3 Die untere Spitze am Mittelkniff nach oben falten, dann darunter schräg nach unten falten (Stufenfalte).

4 Die Klappe der unteren Lage auf der linken Seite nach hinten unter die rechte Seite falten. Glatt streichen.

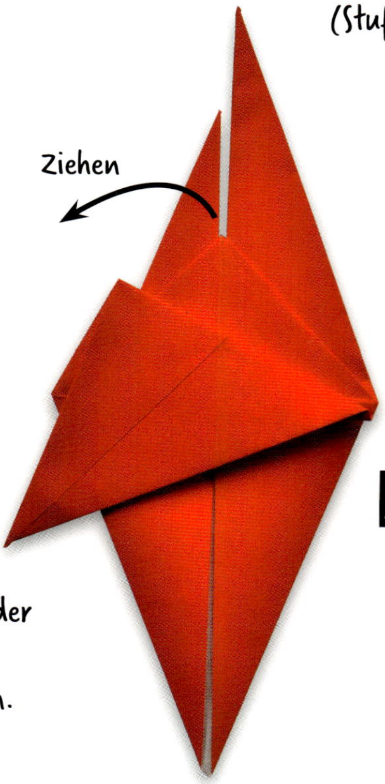

5 Nun zeigen zwei Spitzen nach oben und eine nach unten. Die obere linke Spitze nach unten ziehen, bis die Figur aussieht wie in Bild 6.

★★★
schwierig

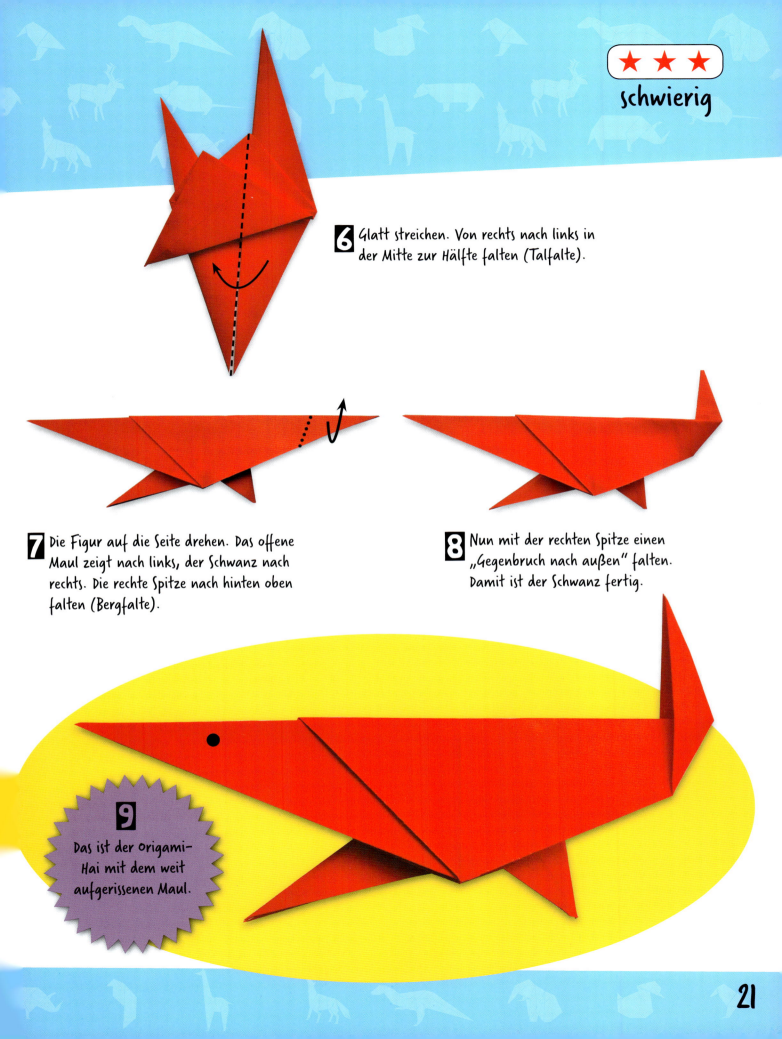

6 Glatt streichen. Von rechts nach links in der Mitte zur Hälfte falten (Talfalte).

7 Die Figur auf die Seite drehen. Das offene Maul zeigt nach links, der Schwanz nach rechts. Die rechte Spitze nach hinten oben falten (Bergfalte).

8 Nun mit der rechten Spitze einen „Gegenbruch nach außen" falten. Damit ist der Schwanz fertig.

9

Das ist der Origami-Hai mit dem weit aufgerissenen Maul.

Rochen

Mit seinem flachen Körper „segelt" der Rochen elegant durch das Wasser. Manche Arten wehren sich mit Elektroschocks, wenn sie sich bedroht fühlen.

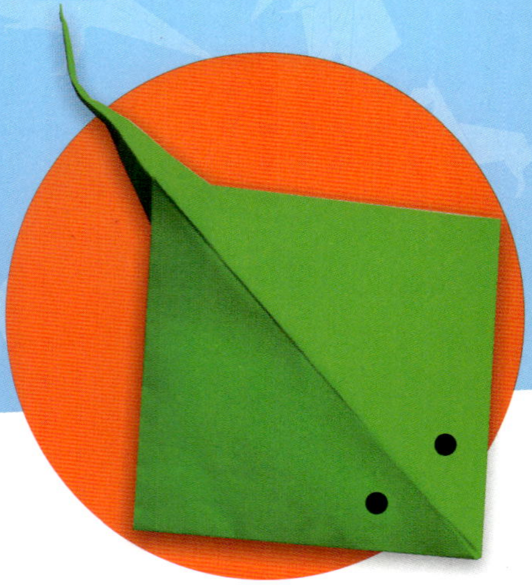

GRUND-FORM QUADRAT

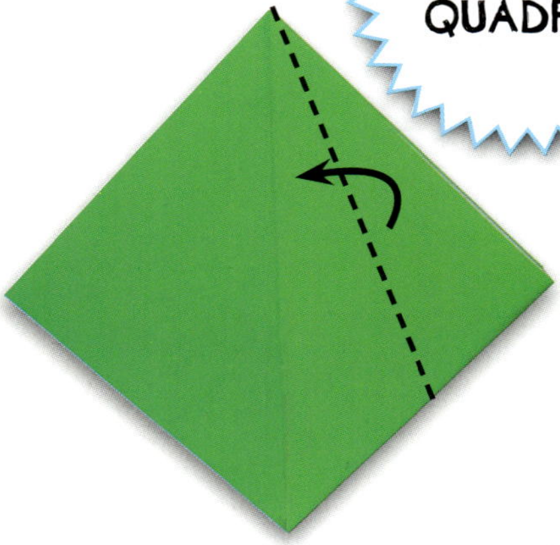

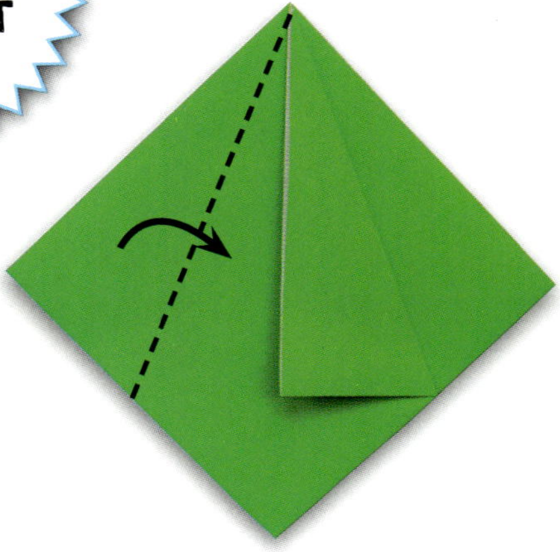

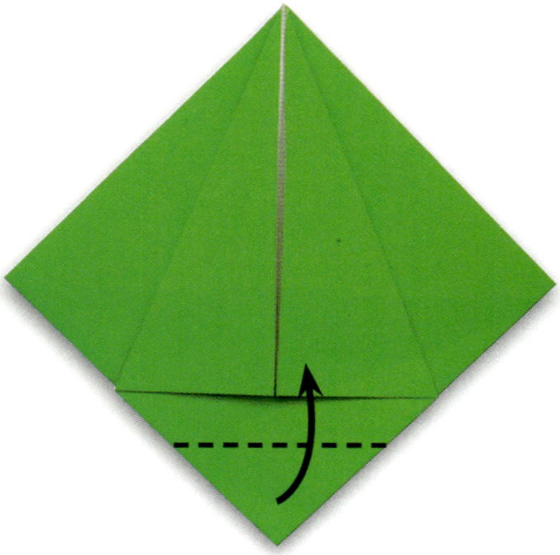

1 Beginne mit einer Quadrat-Grundform (Seite 7). Die losen Spitzen zeigen nach oben. Nur die obere rechte Klappe zur Mitte falten.

2 Links wiederholen.

3 Die untere Spitze nach oben falten (Talfalte).

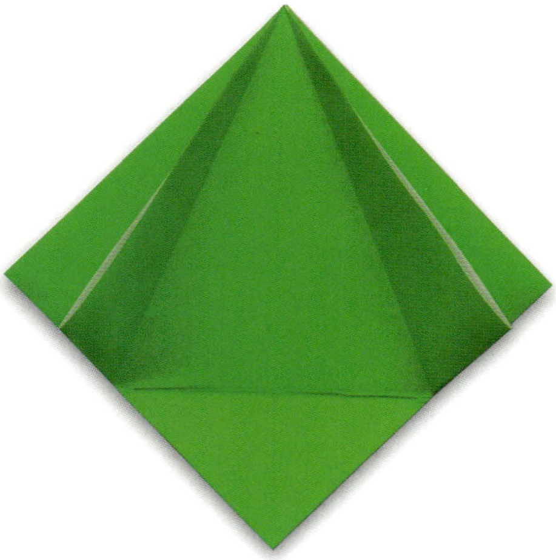

4 Alle Falten aus Schritt 1–3 wieder öffnen.

5 Danach sieht das Papier so aus.

★★

mittel

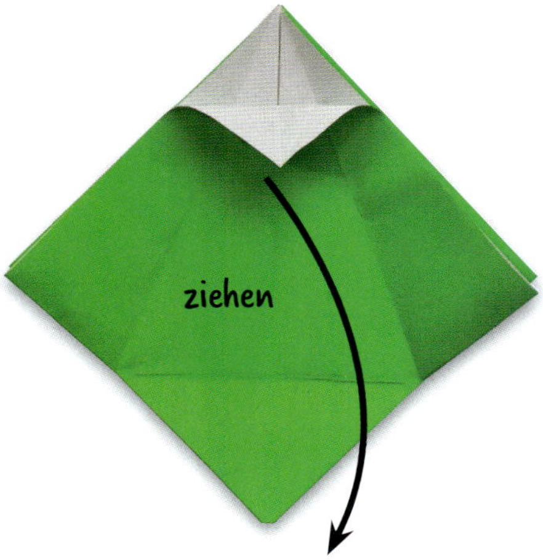

6 Die obere Klappe vorsichtig zu Dir hin ziehen, um die Mitte des Papiers zu öffnen.

7 Weiter ziehen, bis das Papier wie ein offener Schnabel aussieht.

8 Ganz aufziehen und glatt streichen. Nun sieht es so aus.

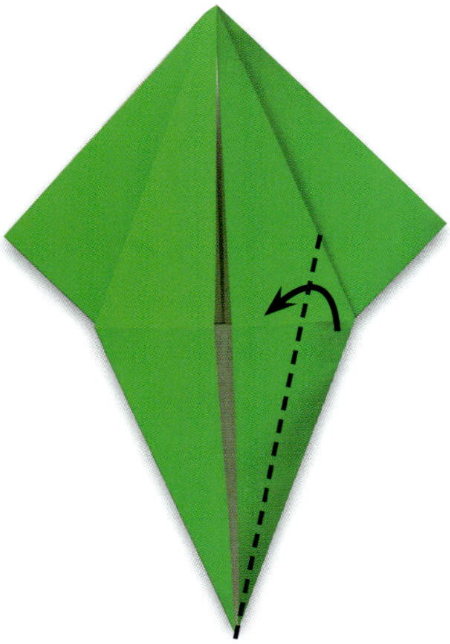

9 Die rechte Seite bis zum Mittelkniff falten (Talfalte).

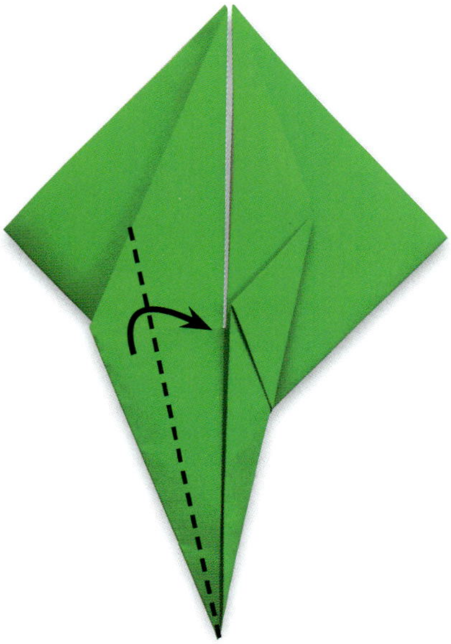

10 Links wiederholen.

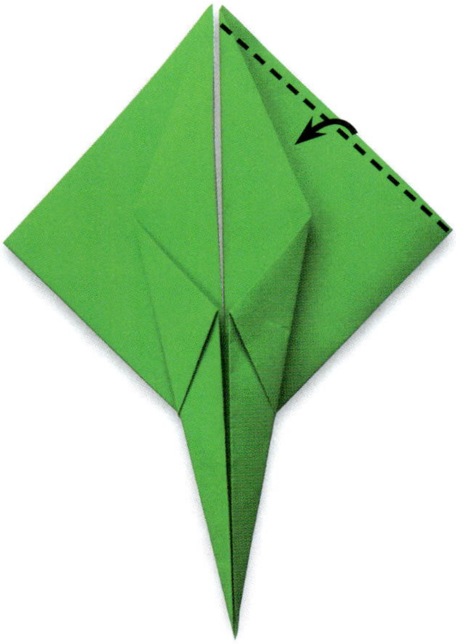

11 Die rechte Kante sehr schmal nach vorn falten (Talfalte).

Rochen (Fortsetzung)

12 Links wiederholen.

13 Jetzt sieht das Papier so aus.

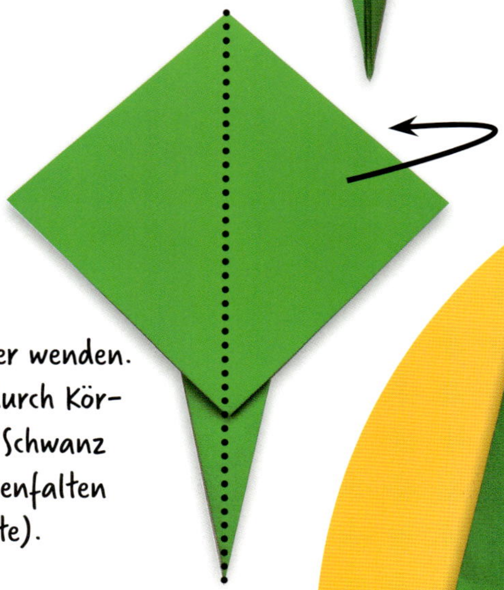

14 Das Papier wenden. Mitten durch Körper und Schwanz zusammenfalten (Bergfalte).

15 Den Schwanz so in Form kniffen und biegen, wie es Dir gefällt.

16
Wieder öffnen. Jetzt ist der Rochen mit dem gefährlichen Schwanz fertig.

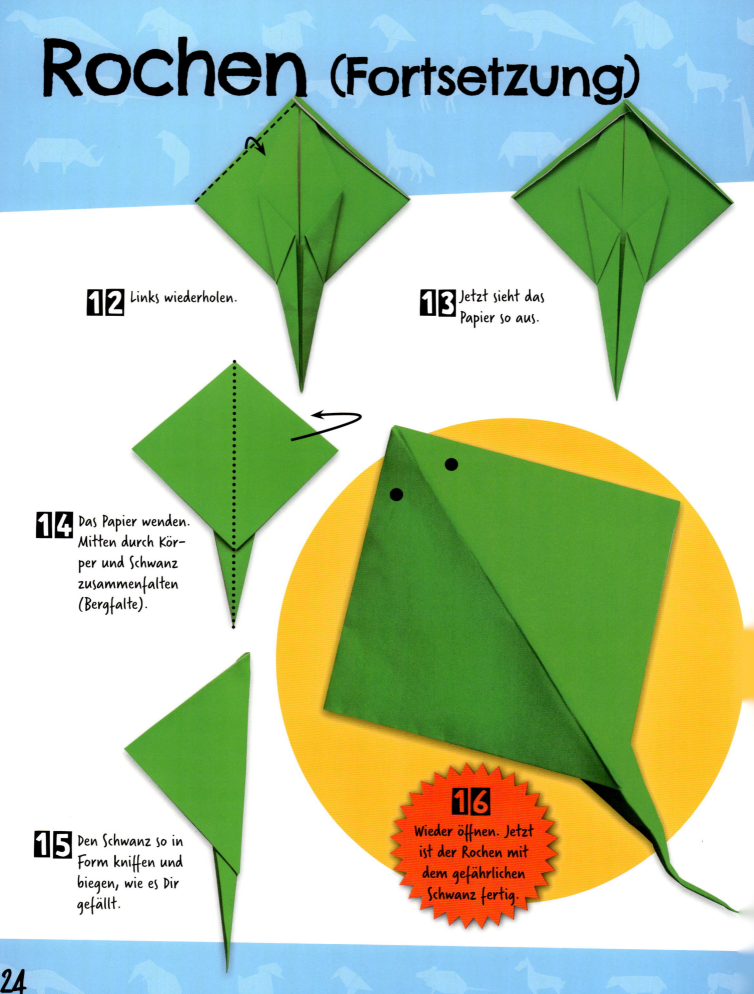

Auf dem Bauernhof

In diesem Kapitel kannst Du lernen, Dir einen ganzen Bauernhof zu falten: vom niedlichen Schwein bis zum Hahn mit seinem prächtigen Schwanz.

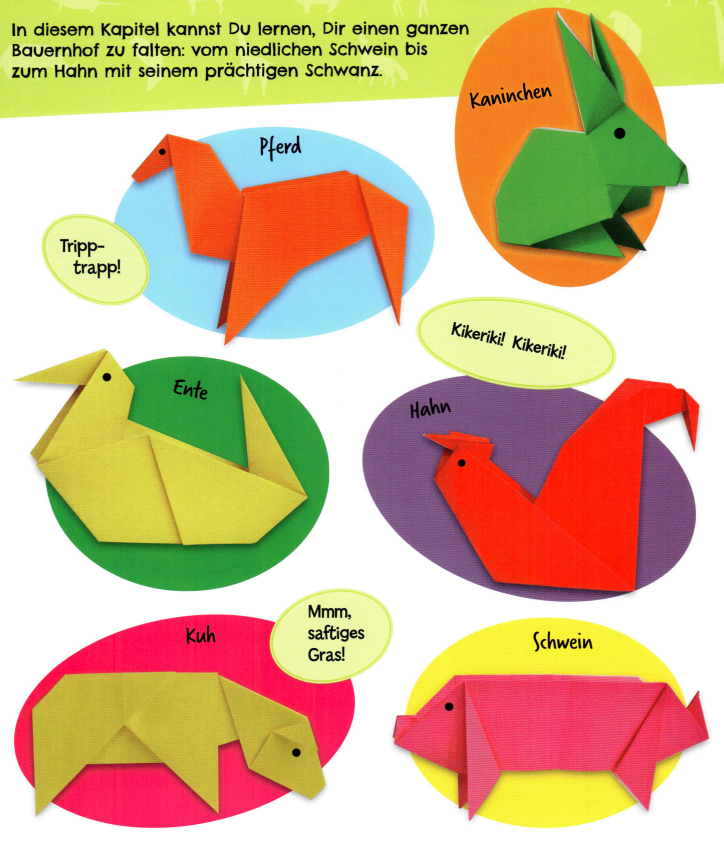

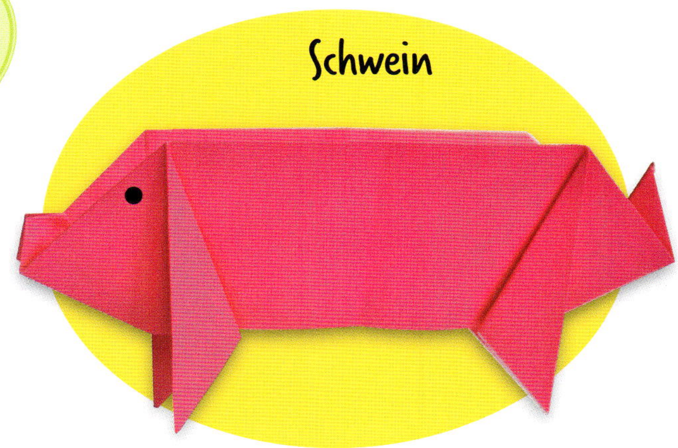

Schwein

Das niedliche Origami-Schweinchen kann auf seinen vier Füßen stehen.

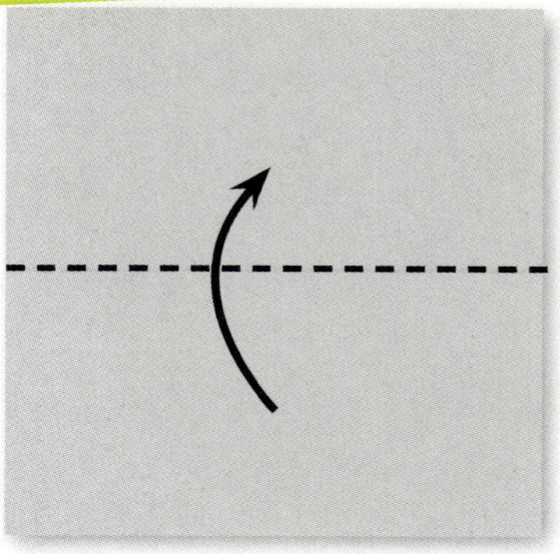

1 Die farbige Seite des Papiers zeigt nach unten. Falte das Blatt zur Hälfte (Talfalte).

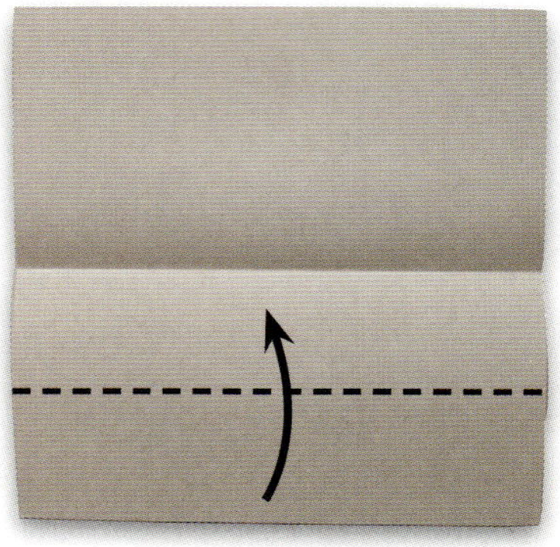

2 Wieder öffnen. Nun die untere Kante bis zum Mittelkniff falten.

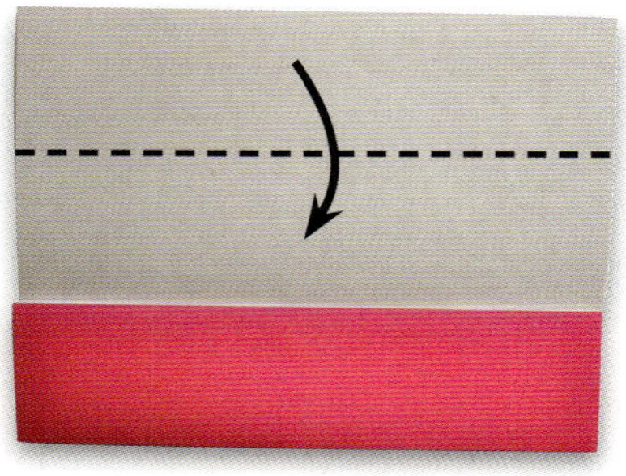

3 Mit der Oberkante wiederholen.

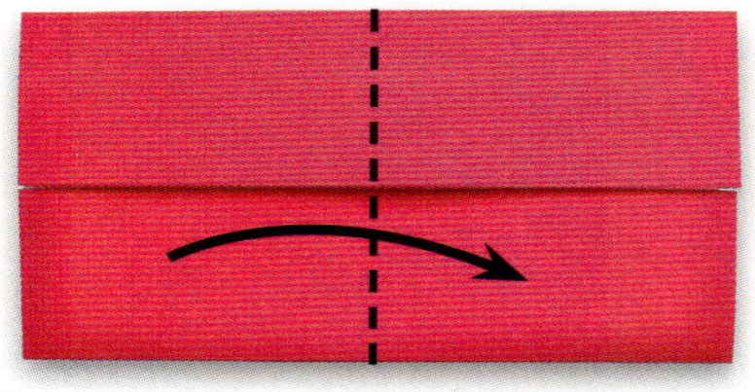

4 Von links nach rechts zur Hälfte falten.

5 Jetzt sieht das Papier so aus. Schritt 4 wieder entfalten.

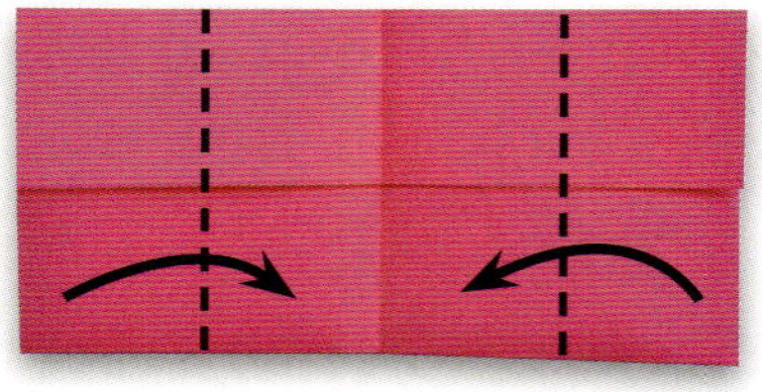

6 Beide äußeren Kanten bis zum Mittelkniff falten.

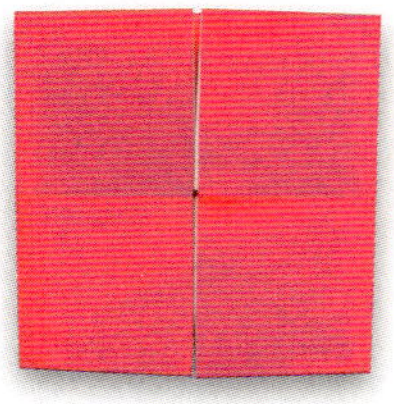

7 Jetzt sieht das Papier so aus. Schritt 6 wieder entfalten.

8 Die obere rechte Ecke nach unten falten (Talfalte).

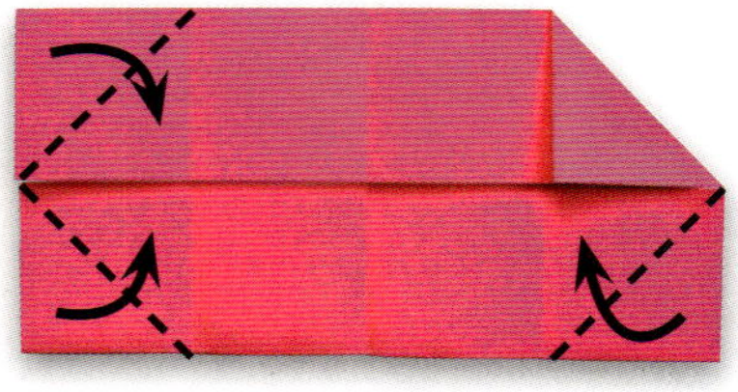

9 Mit allen anderen Ecken wiederholen.

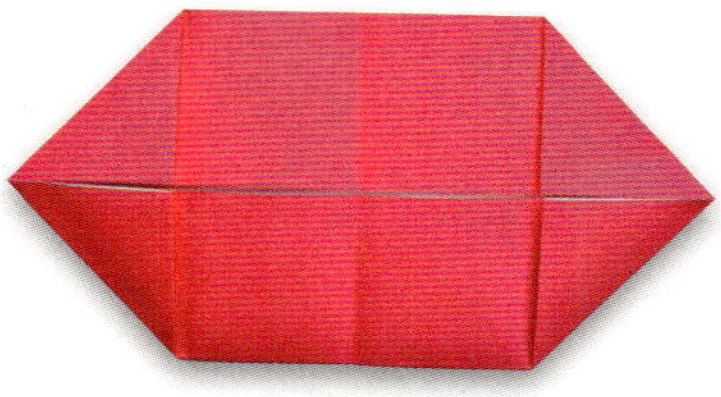

10 Jetzt sieht das Papier so aus.

11 Die obere rechte Ecke vorsichtig öffnen.

12 Zu einem Dreieck flach drücken. Mit allen anderen Ecken wiederholen.

★★

mittel

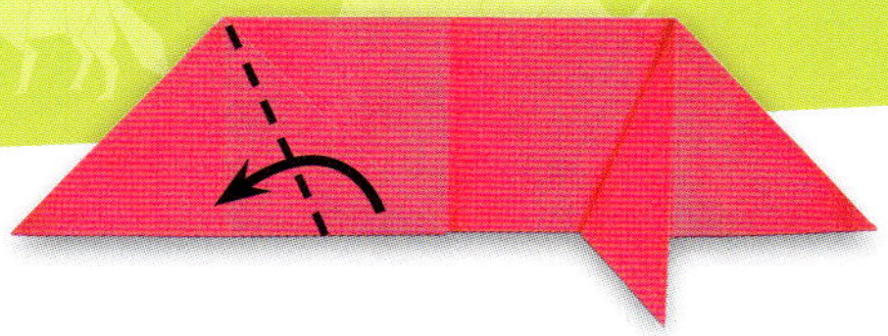

13 Die untere Hälfte nach hinten unter die obere falten (Bergfalte).

14 Die beiden rechten Klappen nach unten falten. Das sind die beiden kurzen Hinterbeine.

15 Die beiden linken Klappen nach unten falten. Das sind die Vorderbeine.

der Schwanz aus der Nähe

16 Die rechte Spitze nach oben falten (Bergfalte).

17 Öffnen, dann für den Schwanz einen „Gegenbruch nach innen" falten. Nun die linke Spitze nach hinten falten (Bergfalte).

18 Öffnen und für die Schnauze einen „Gegenbruch nach innen" falten. Die Spitze eindrücken, damit die Schnauze stumpf wird.

die Schnauze aus der Nähe

19 Jetzt kannst Du das Schwein auf seine Füße stellen.

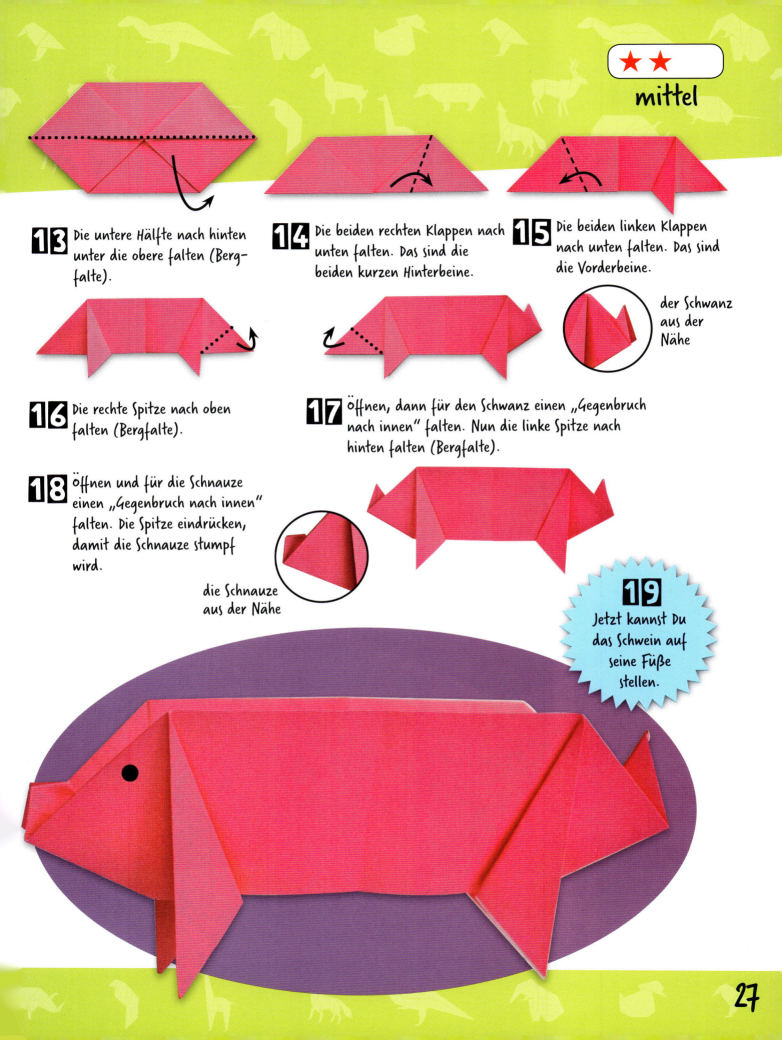

Ente

Enten schwimmen gern und können auch gut tauchen. Ihre äußeren Federn sind wasserdicht und halten das darunterliegende Gefieder trocken.

1 Beginne mit der Drachen-Grundform (Seite 6). Quer vor Dich legen. Die obere rechte Ecke bis zum Mittelkniff falten.

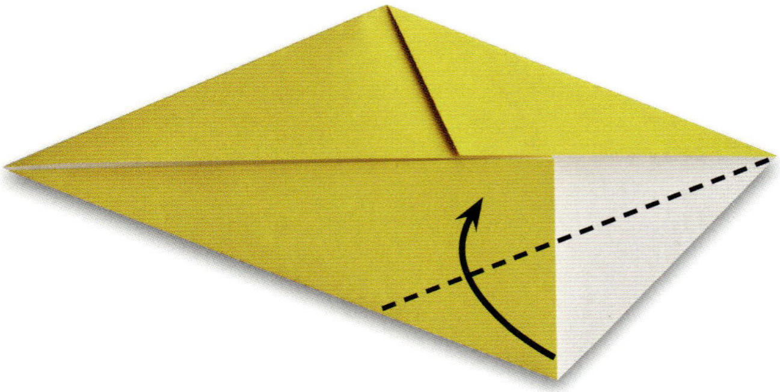

2 Auf der anderen Seite wiederholen.

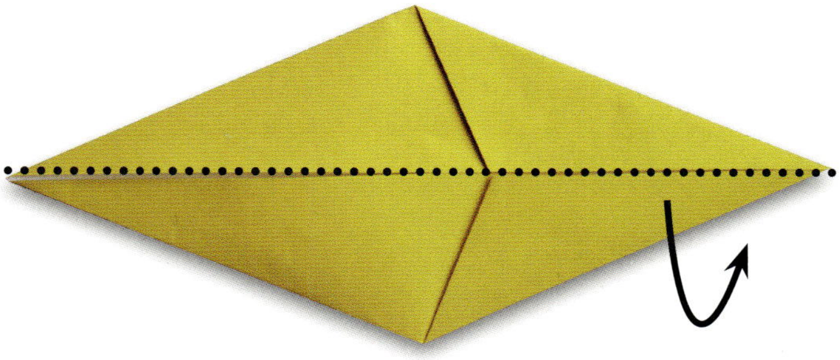

3 Die untere Hälfte nach hinten falten. Sie liegt dann hinter der oberen Hälfte.

4 Die linke Spitze schräg nach hinten falten (Bergfalte).

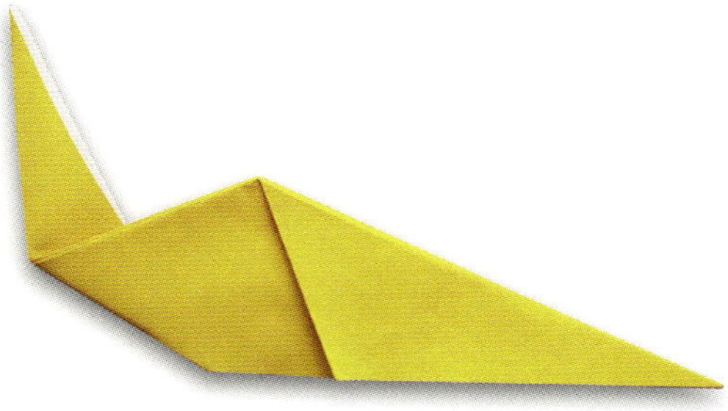

5 Öffnen, dann für den Hals einen „Gegenbruch nach innen" falten.

6 Die rechte Spitze schräg nach hinten falten (Bergfalte).

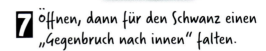

7 Öffnen, dann für den Schwanz einen „Gegenbruch nach innen" falten.

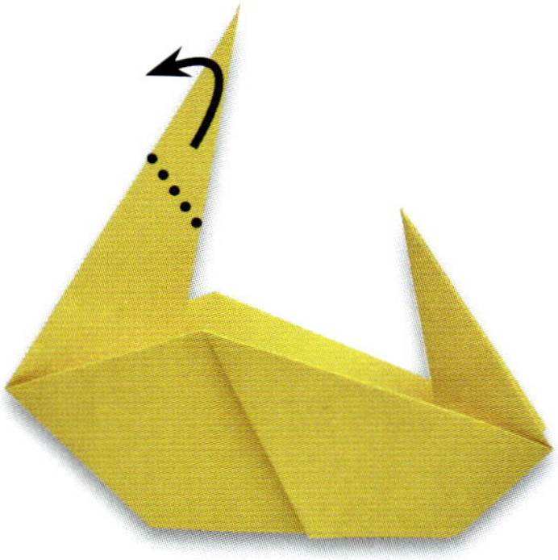

8 Die linke Spitze schräg nach hinten falten.

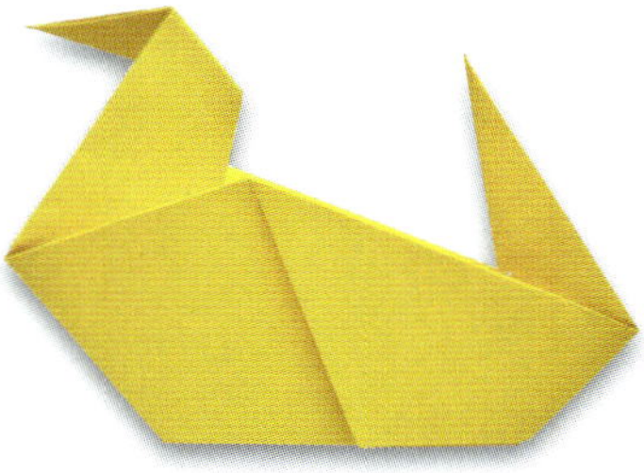

9 Öffnen und für den Kopf einen „Gegenbruch nach innen" falten.

10 Stelle die Ente auf. Jetzt kann sie losschwimmen.

Hahn

Ein Hahn – oder Gockel – ist ein männliches Huhn. Er hat lange, prächtige Schwanzfedern, mit denen er die Hennen im Hühnerhof beeindruckt.

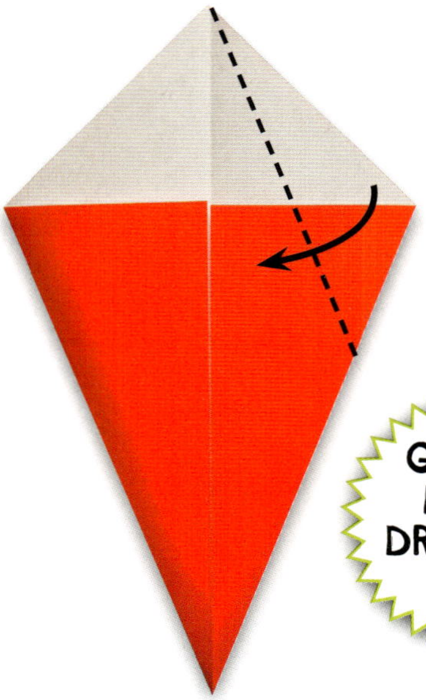

GRUNDFORM DRACHEN

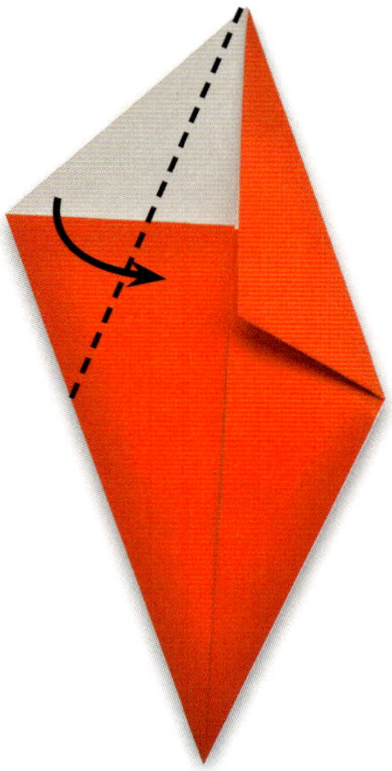

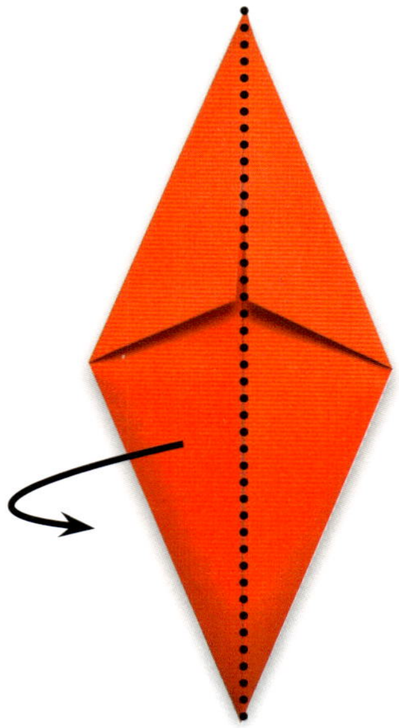

1 Beginne mit einer Drachen-Grundform (Seite 6). Falte die rechte Ecke bis zum Mittelkniff.

2 Links wiederholen.

3 Die Form am Mittelkniff nach hinten falten (Bergfalte). Die linke Seite liegt danach hinter der rechten.

Klappen liegen links.

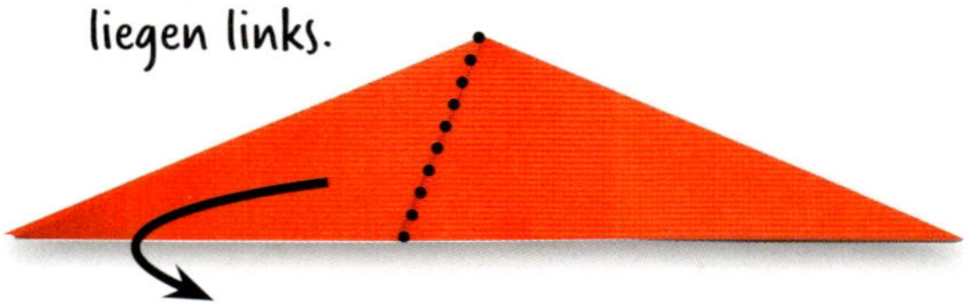

4 Das Papier quer legen. Die linke Spitze nach hinten falten.

5 Öffnen, dann für den Hals einen „Gegenbruch nach außen" falten.

6 Die rechte Spitze schräg nach hinten falten (Bergfalte).

★★ mittel

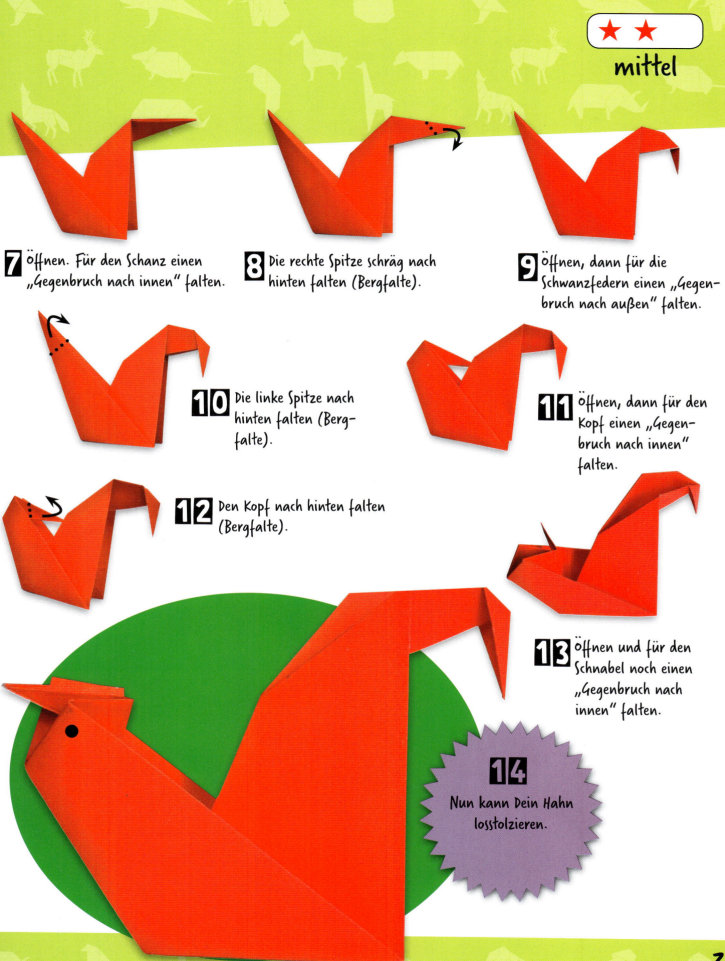

7 Öffnen. Für den Schanz einen „Gegenbruch nach innen" falten.

8 Die rechte Spitze schräg nach hinten falten (Bergfalte).

9 Öffnen, dann für die Schwanzfedern einen „Gegenbruch nach außen" falten.

10 Die linke Spitze nach hinten falten (Bergfalte).

11 Öffnen, dann für den Kopf einen „Gegenbruch nach innen" falten.

12 Den Kopf nach hinten falten (Bergfalte).

13 Öffnen und für den Schnabel noch einen „Gegenbruch nach innen" falten.

14 Nun kann Dein Hahn losstolzieren.

Kaninchen

Kaninchen haben ein gutes Gehör. Sie können ihre Ohren in alle Richtungen drehen. Auch das Origami-Kaninchen hat lange Ohren.

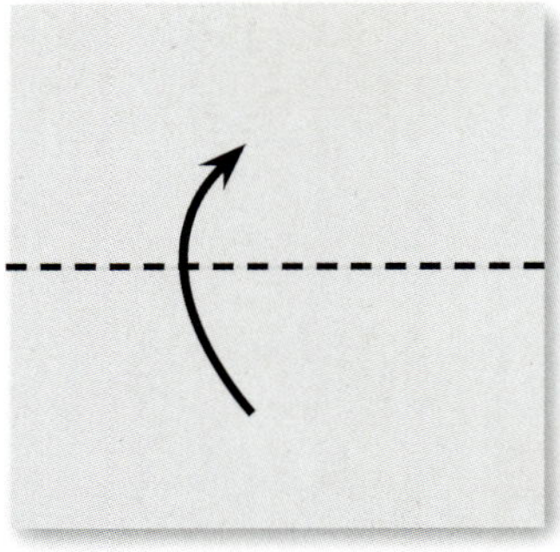

1 In die Mitte des Papiers eine Talfalte machen und wieder öffnen.

2 Die untere Kante bis zum Mittelkniff falten (Talfalte).

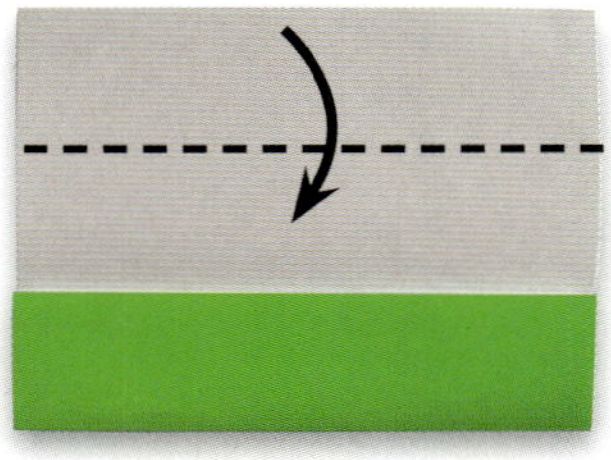

3 Mit der oberen Kante wiederholen.

4 Die obere rechte Ecke nach unten falten.

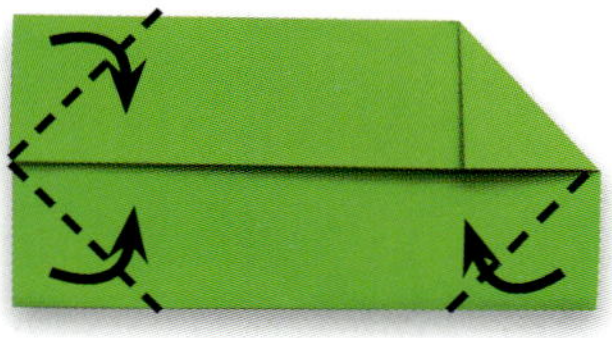

5 Mit den drei anderen Ecken wiederholen.

6 Jetzt sieht das Papier so aus.

7 Die Falten an den Ecken wieder öffnen.

8 Die obere rechte Ecke anheben und die Mitte nach unten drücken. So entsteht eine Klappe.

9 Jetzt sieht das Papier so aus.

10 Mit den anderen drei Ecken wiederholen.

11 Das Papier wenden.

12 Die rechte Klappe nach links falten und glatt streichen.

★★ mittel

13 Mit der linken Seite wiederholen.

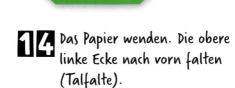

14 Das Papier wenden. Die obere linke Ecke nach vorn falten (Talfalte).

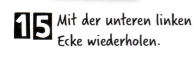

15 Mit der unteren linken Ecke wiederholen.

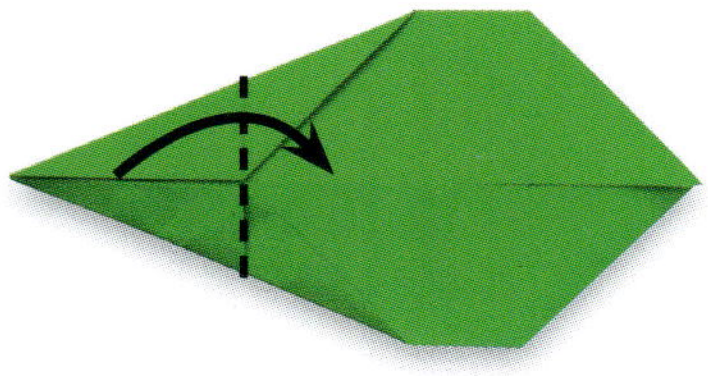

16 Die linke Spitze nach rechts falten. Das werden die Kaninchenohren.

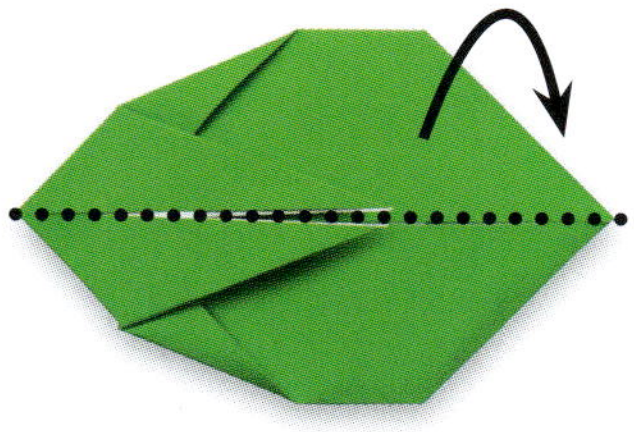

17 Die obere Hälfte am Mittelknick entlang nach hinten falten (Bergfalte).

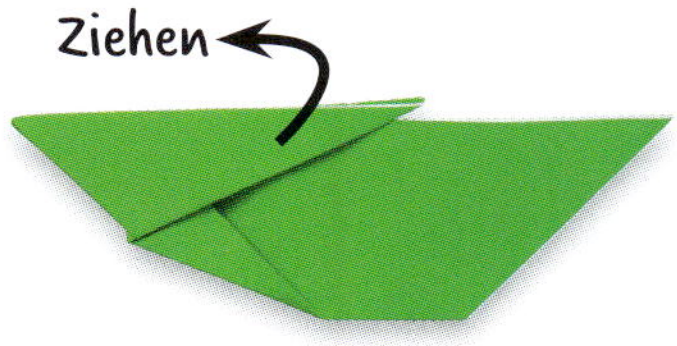

18 Die Ohren vorsichtig hochziehen.

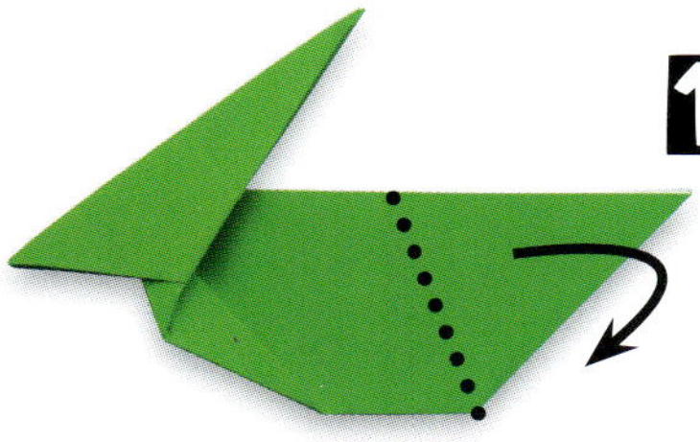

19 Das Papier glatt streichen. Die rechte Spitze schräg nach hinten falten (Bergfalte).

20 Öffnen, dann für die Füße einen „Gegenbruch nach innen" falten. Die Nasenspitze nach hinten falten (Bergfalte).

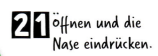

21 Öffnen und die Nase eindrücken.

22 Die Ohren vorsichtig in Form biegen. Jetzt ist das Kaninchen fertig.

Pferd

Das Pferd ist eins der schnellsten Tiere, die an Land leben. Es hat drei verschiedene Gangarten: Schritt, Trab und Galopp.

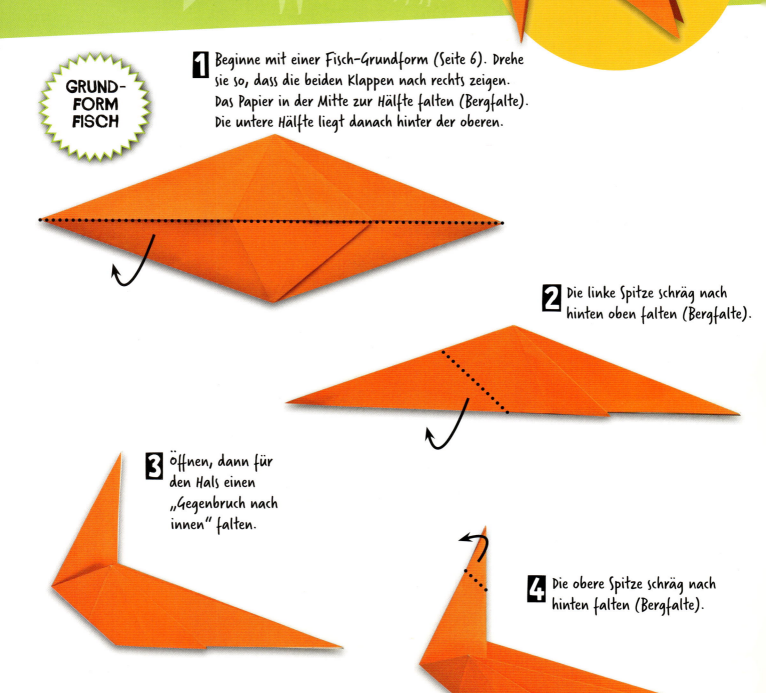

GRUNDFORM FISCH

1 Beginne mit einer Fisch-Grundform (Seite 6). Drehe sie so, dass die beiden Klappen nach rechts zeigen. Das Papier in der Mitte zur Hälfte falten (Bergfalte). Die untere Hälfte liegt danach hinter der oberen.

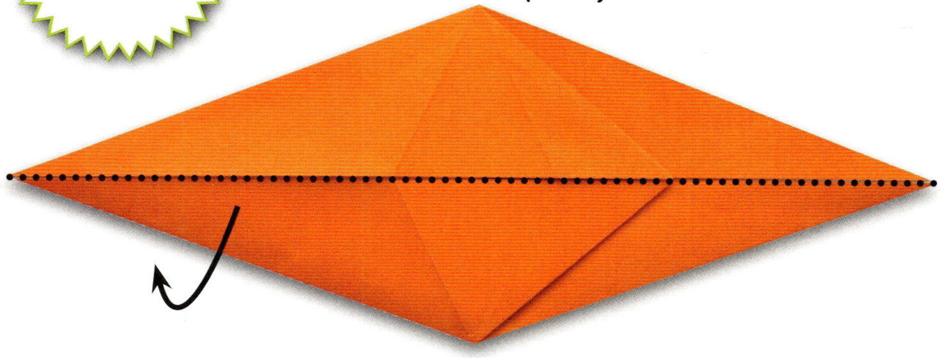

2 Die linke Spitze schräg nach hinten oben falten (Bergfalte).

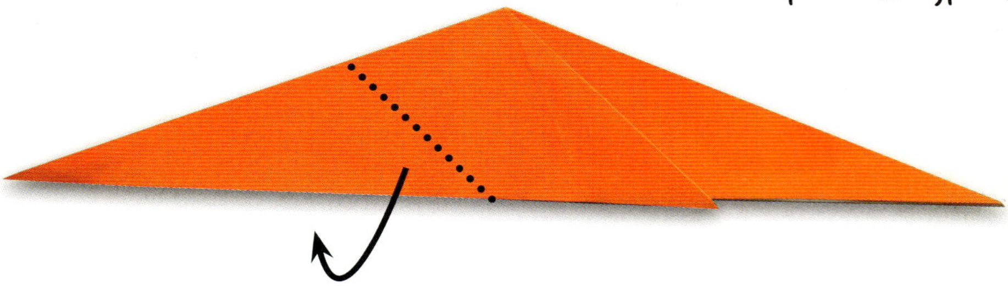

3 Öffnen, dann für den Hals einen „Gegenbruch nach innen" falten.

4 Die obere Spitze schräg nach hinten falten (Bergfalte).

★★ mittel

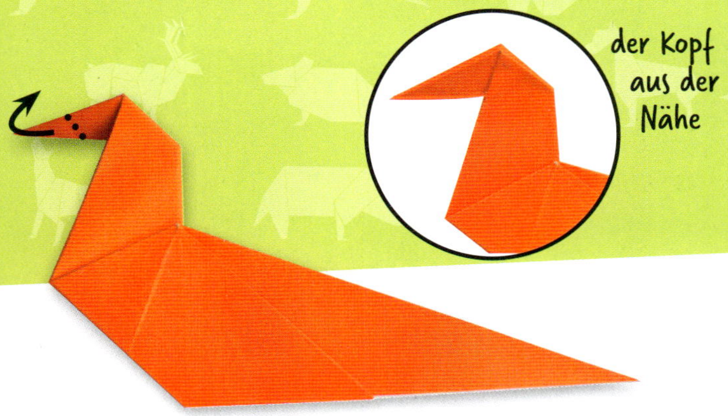

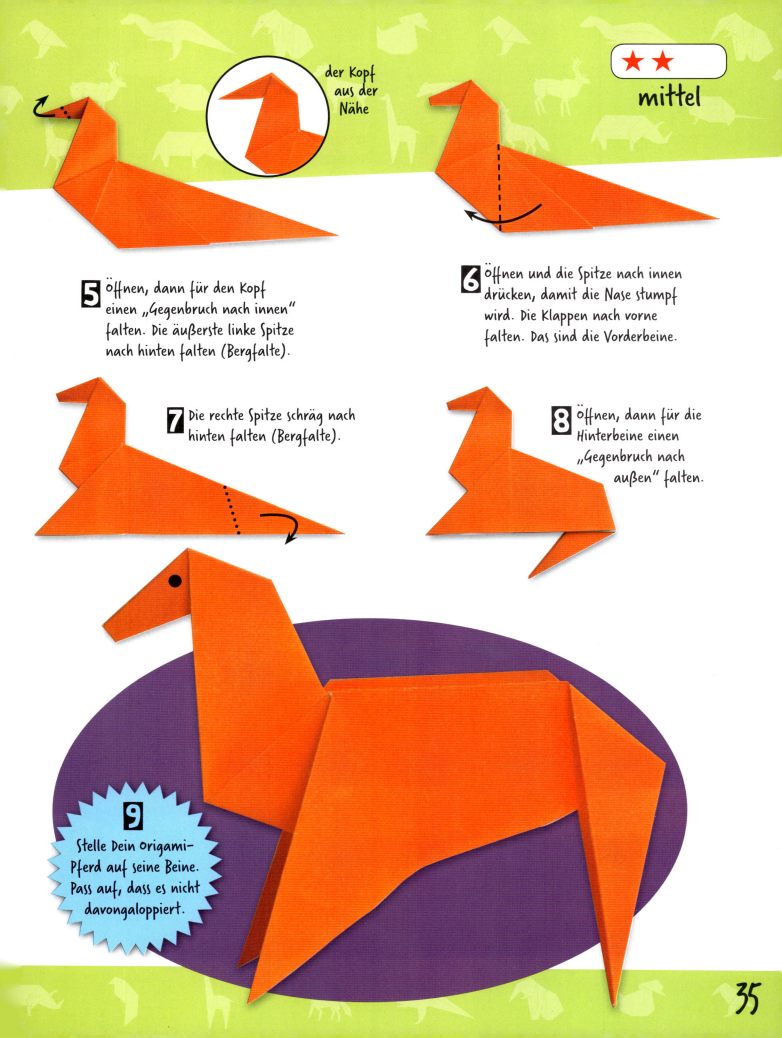

5 Öffnen, dann für den Kopf einen „Gegenbruch nach innen" falten. Die äußerste linke Spitze nach hinten falten (Bergfalte).

6 Öffnen und die Spitze nach innen drücken, damit die Nase stumpf wird. Die Klappen nach vorne falten. Das sind die Vorderbeine.

7 Die rechte Spitze schräg nach hinten falten (Bergfalte).

8 Öffnen, dann für die Hinterbeine einen „Gegenbruch nach außen" falten.

9 Stelle Dein Origami-Pferd auf seine Beine. Pass auf, dass es nicht davongaloppiert.

Kuh

Manche Kühe geben am Tag bis zu 40 Liter Milch. Dafür müssen sie ganz schön viel Gras fressen und reichlich Wasser trinken.

DER KOPF

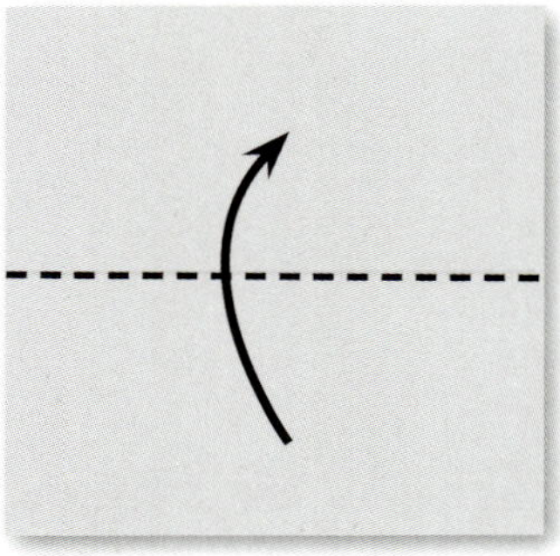

1 Die farbige Seite des Papiers zeigt nach unten. Das Blatt in der Mitte falten (Talfalte) und wieder öffnen.

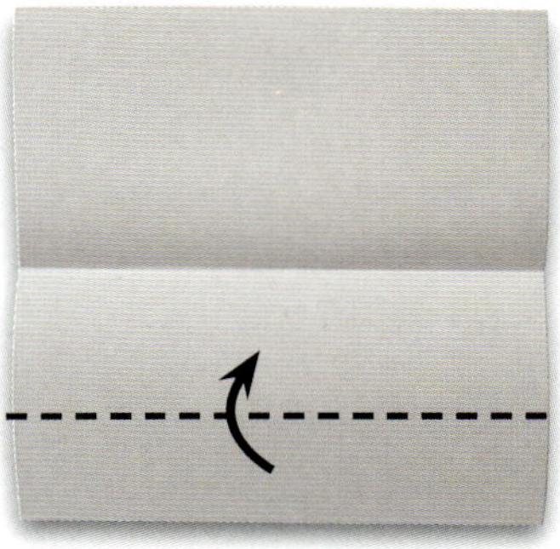

2 Die untere Kante bis zum Mittelkniff falten (Talfalte).

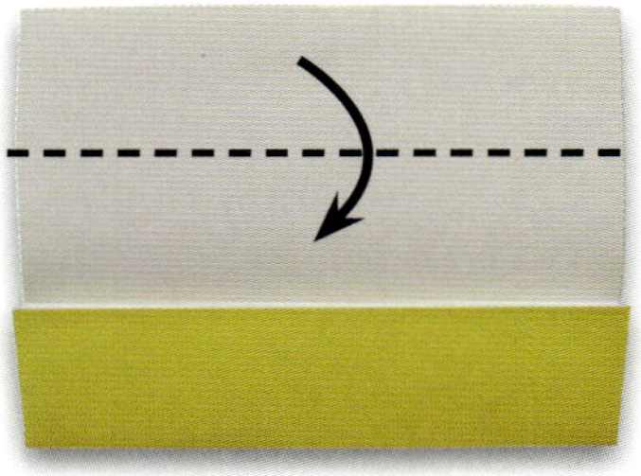

3 Die obere Kante bis zum Mittelkniff falten (Talfalte).

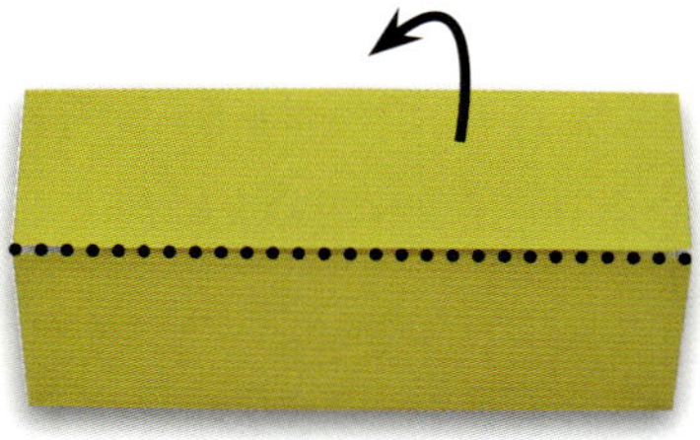

4 Die obere Hälfte nach hinten falten (Bergfalte). Sie liegt danach hinter der unteren Hälfte.

5 Die rechte untere Ecke nach oben falten (Talfalte).

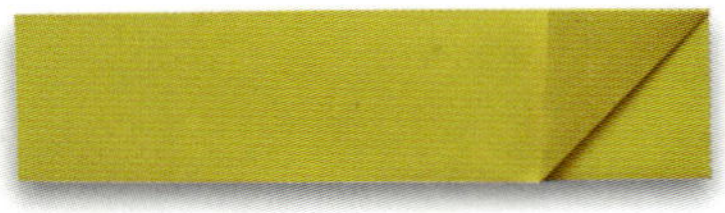

6 Die Ecke vorsichtig auseinanderziehen.

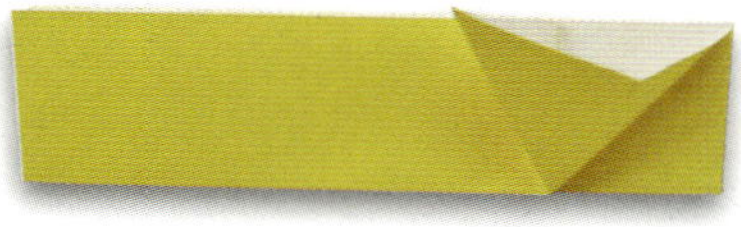

7 Dabei bildet sich eine Dreiecksform.

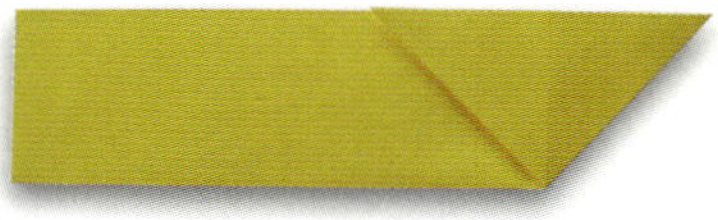

8 Das Dreieck flach drücken und glatt streichen.

9 Das Papier wenden. Schritt 5, 6, 7 und 8 auf der anderen Seite wiederholen. Von oben sieht das Papier jetzt so aus.

★★ mittel

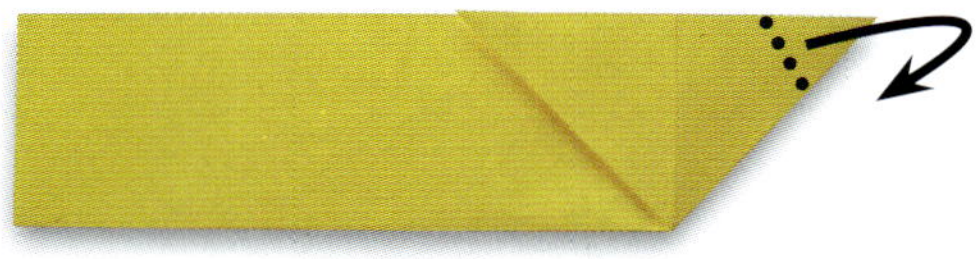

10 Das Papier wieder hinlegen. Die rechte Spitze schräg nach hinten falten (Bergfalte).

die Nase aus der Nähe

11 Öffnen und für die Nase in die Spitze einen „Gegenbruch nach innen" falten.

12 Die rechte Ecke der Klappe schräg nach vorn falten (Talfalte). Das werden die Ohren. Die linke Seite schräg nach hinten falten (Bergfalte).

13 Die untere Ecke gerade nach oben vorn falten (Talfalte).

14 Jetzt sieht das Papier so aus.

15 Das Dreieck wieder öffnen und einen „Gegenbruch nach innen" falten. Damit wird der Kopf am Körper befestigt.

Kuh (Fortsetzung)

DER KÖRPER

GRUNDFORM WASSERBOMBE

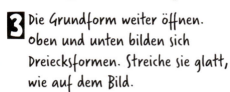

1 Beginne mit einer Wasserbomben-Grundform (Seite 7). Linke Spitze nach rechts falten (Talfalte).

hier öffnen

2 Die Grundform von rechts vorsichtig öffnen.

3 Die Grundform weiter öffnen. Oben und unten bilden sich Dreiecksformen. Streiche sie glatt, wie auf dem Bild.

4 Das Papier von oben nach unten zur Hälfte falten (Talfalte).

5 Das Papier wenden. Die linke Ecke nach hinten falten (Bergfalte). Öffnen, dann für den Po einen „Gegenbruch nach innen" falten.

DIE KUH ZUSAMMENSETZEN

1 Schiebe den Kopf so in den Körper, dass er gut hält.

2 Deine Origami-Kuh hat zum Grasen den Kopf gesenkt.

In freier Natur

In allen Ländern der Welt leben noch viele Tiere in freier Natur. Manche sind riesig wie ein Elefant, andere klein wie ein Frosch. Falte Dir einen eigenen Wildpark!

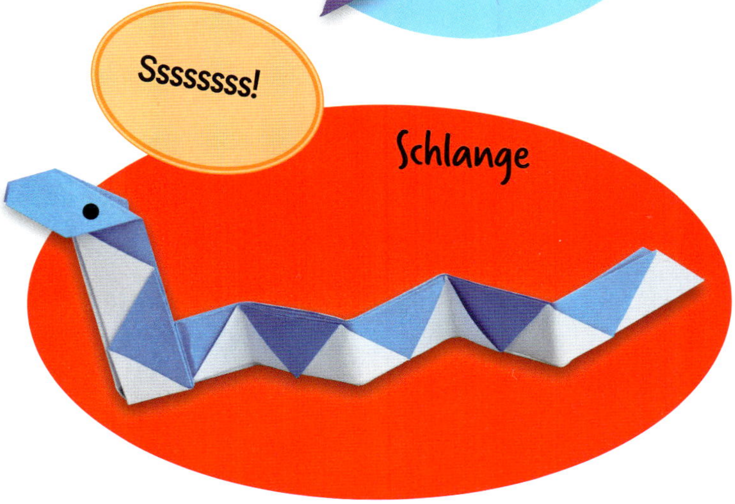

Fuchs

Viele Märchen und Geschichten handeln von Füchsen, die gerissen sind und schlaue Tricks kennen. Diese Figur schaffst Du ganz ohne Tricks!

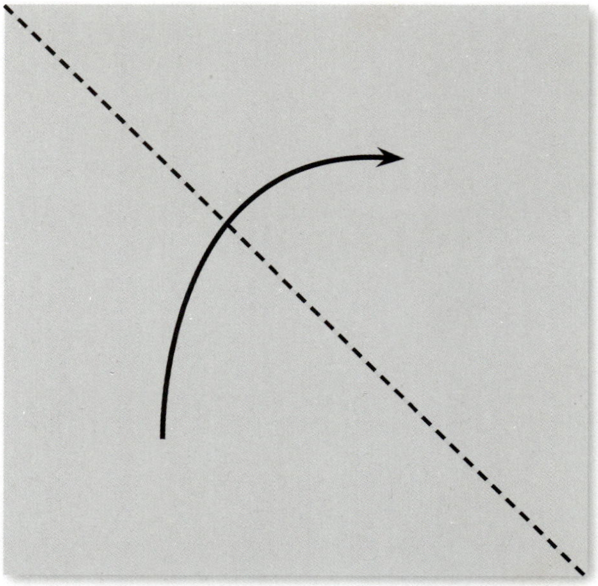

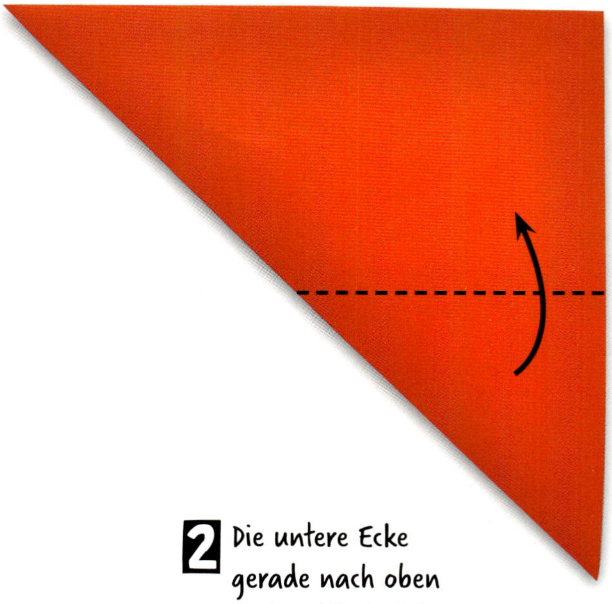

1 Die farbige Seite des Papiers zeigt nach unten. Falte das Blatt schräg zur Hälfte (Talfalte).

2 Die untere Ecke gerade nach oben falten (Talfalte).

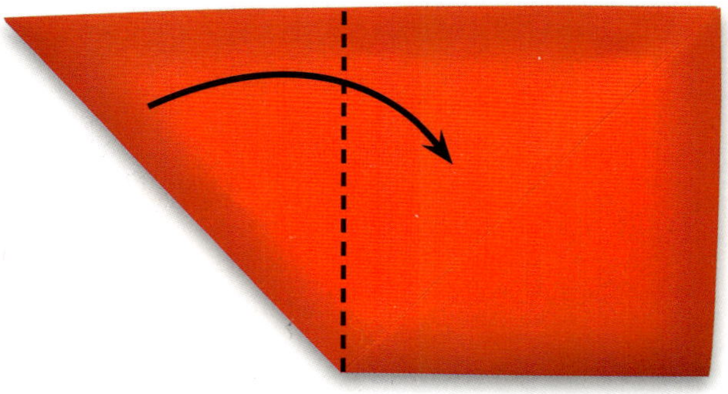

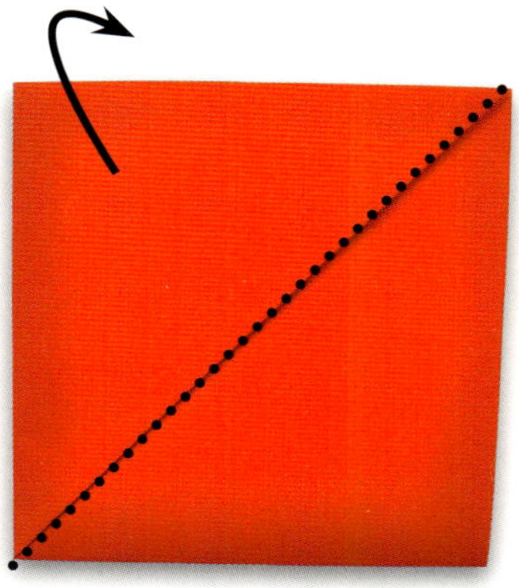

3 Die linke Ecke so falten, dass sie genau an die vorige Ecke trifft (Talfalte).

4 Den linken oberen Teil nach hinten falten (Bergfalte).

5 Die rechte Kante schmal nach vorn falten (Talfalte).

★ einfach

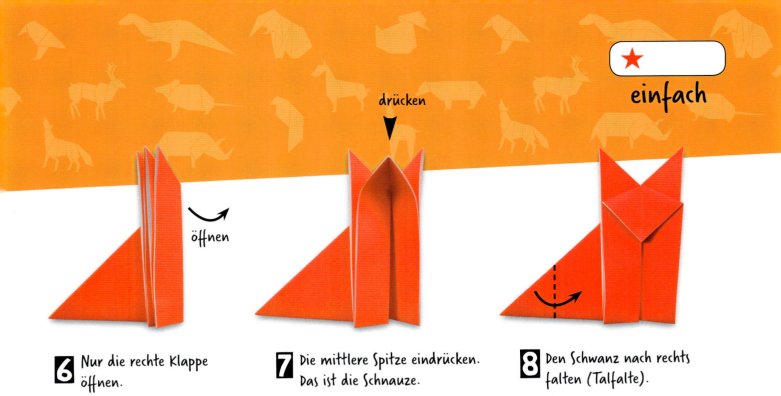

6 Nur die rechte Klappe öffnen.

7 Die mittlere Spitze eindrücken. Das ist die Schnauze.

8 Den Schwanz nach rechts falten (Talfalte).

9 Das Maul etwas öffnen – und schon ist der freundliche Origami-Fuchs fertig.

Schlange

Schlangen haben keine Beine. Sie benutzen ihre Muskeln, um sich in Wellenbewegungen über den Boden zu bewegen.

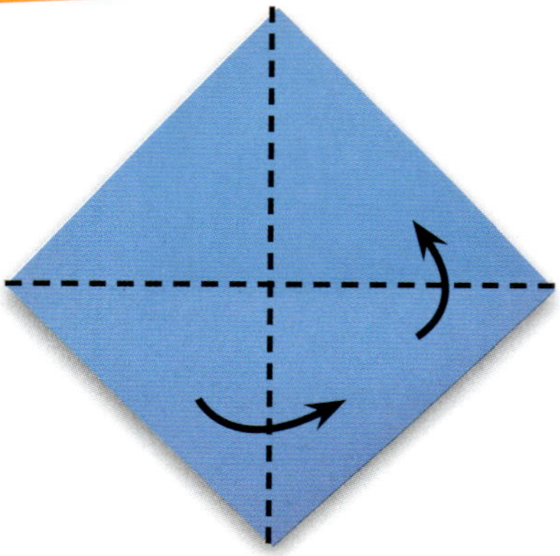

1 Das Papier zeigt mit einer Spitze zu Dir. Falte es in beide Richtungen über Eck zur Hälfte (Talfalte). Wieder öffnen.

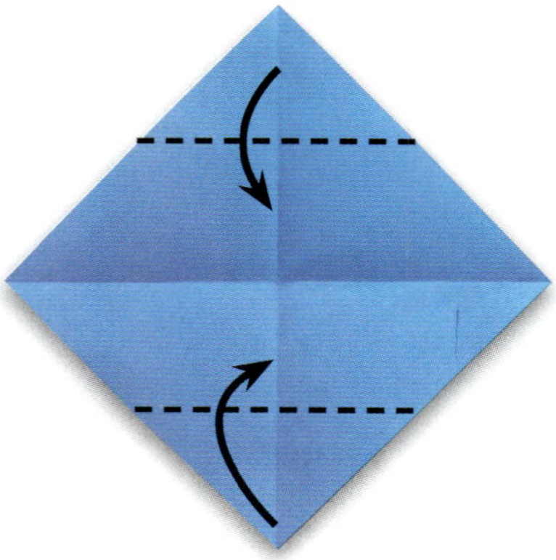

2 Die obere und untere Spitze exakt bis zum Mittelpunkt falten (Talfalte).

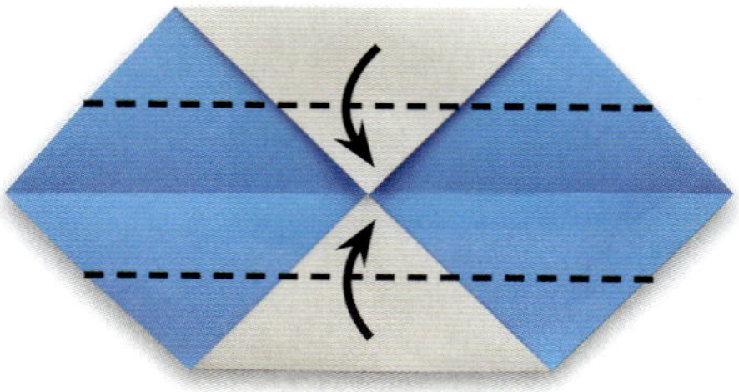

3 Die obere und untere Kante zum Mittelkniff falten (Talfalte).

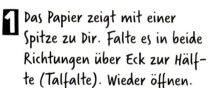

4 Schritt 3 wiederholen.

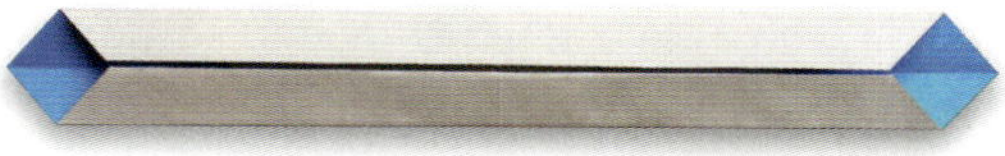

5 Jetzt sieht das Papier so aus.

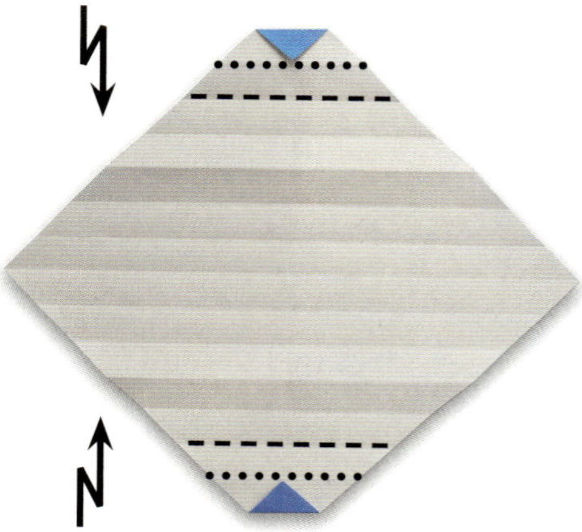

6 Öffnen und das Papier wenden. Von beiden Seiten Stufenfalten ins Papier kniffen.

7 Immer weiterfalten. Dabei erscheint ein Zackenmuster.

8 Schritt 7 wiederholen.

★★ mittel

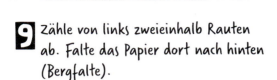

9 Zähle von links zweieinhalb Rauten ab. Falte das Papier dort nach hinten (Bergfalte).

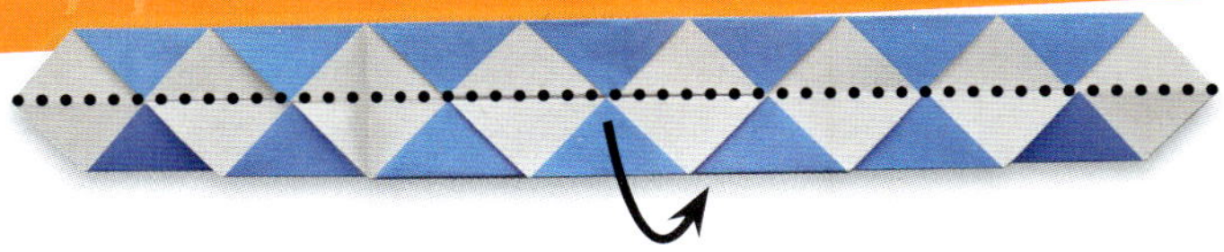

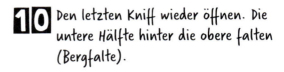

10 Den letzten Kniff wieder öffnen. Die untere Hälfte hinter die obere falten (Bergfalte).

11 Am Kniff, den Du in Schritt 9 gefaltet hast, einen „Gegenbruch nach außen" falten.

12 Die obere Ecke nach hinten falten (Bergfalte).

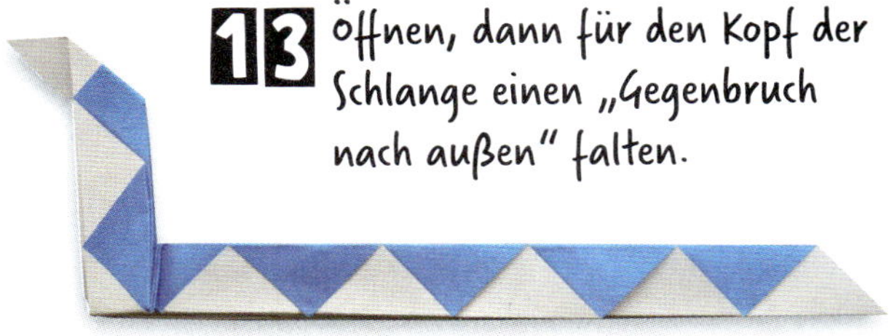

13 Öffnen, dann für den Kopf der Schlange einen „Gegenbruch nach außen" falten.

14 Abwechselnd Berg- und Talfalten in den Körper kniffen.

15 Nun kann Deine Schlange mit Zackenmuster von allein stehen.

Panda

Den Panda mit seinem schwarz-weißen Fell kennt jeder. Zum Falten nimmst Du am besten Papier, das auf einer Seite eine dunkle Farbe hat.

GRUND-FORM WASSER-BOMBE

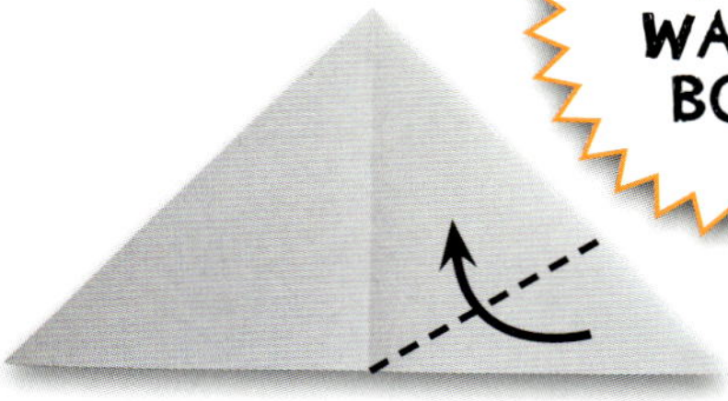

1 Beginne mit einer Wasserbomben-Grundform (Seite 7). Wenn Dein Papier zweifarbig ist, muss die weiße Seite außen liegen. Die rechte Klappe schräg nach vorn falten (Talfalte).

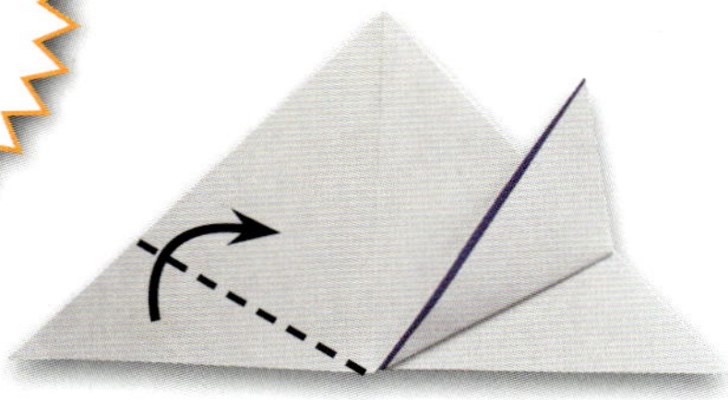

2 Links wiederholen.

3 Die rechte Klappe vorsichtig öffnen.

4 Mit dieser Klappe einen „Gegenbruch nach außen" falten. Links wiederholen.

5 Die Spitze der rechten unteren Klappe nach oben falten (Talfalte).

6 Links wiederholen.

7 Die untere rechte Klappe vorsichtig öffnen.

8 Einen „Gegenbruch nach außen falten". Links wiederholen.

9 Die rechte Hälfte der Figur hinter die linke falten (Bergfalte).

★★ mittel

10 Das Papier auf die Seite drehen. Jetzt kannst Du Körper und Beine des Pandas schon erkennen. Die obere Spitze nach hinten falten (Bergfalte).

11 Öffnen, dann für den Rücken einen „Gegenbruch nach innen" falten.

12 Für das Gesicht eine Stufenfalte kniffen.

13 Die äußerste Spitze nach hinten falten (Bergfalte).

14 Wieder öffnen und die Spitze eindrücken, damit die Nase stumpf wird.

15 Male Augen und Nase auf und stelle Deinen Origami-Panda auf.

Elefant

Ein Elefant hat einen starken und zugleich empfindlichen Rüssel. Er benutzt ihn, um Nahrung zu greifen und Wasser zu saugen.

GRUND-FORM DRACHEN

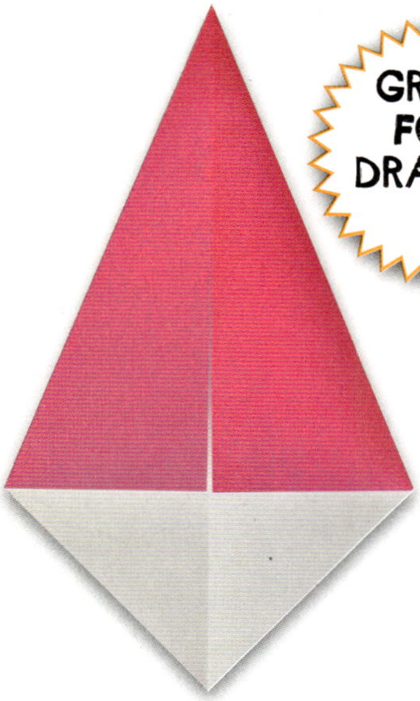

1 Beginne mit einer Drachen-Grundform (Seite 6). Kopfüber drehen, dann das Papier wenden.

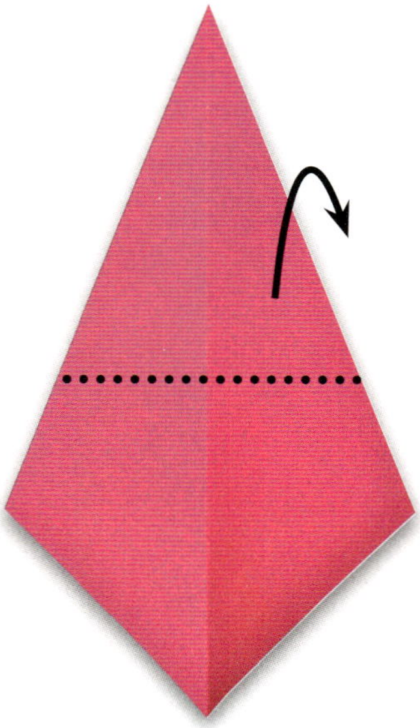

2 Die obere Hälfte nach hinten falten (Bergfalte).

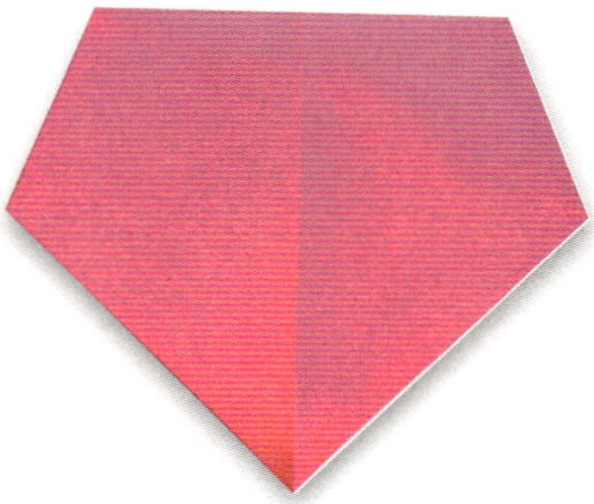

3 Jetzt sieht das Papier so aus.

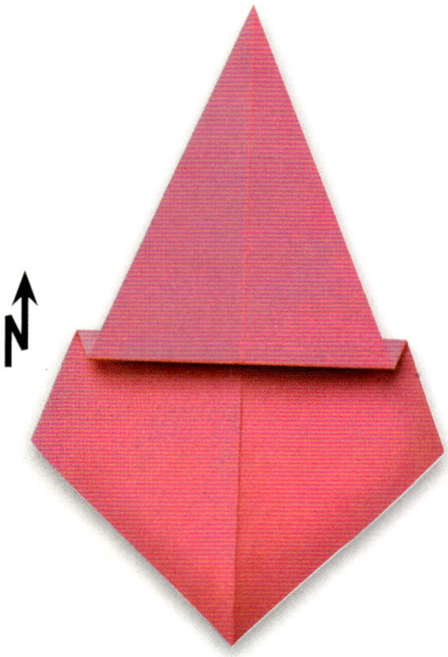

4 Öffnen und parallel eine Talfalte kniffen. So entsteht eine Stufenfalte. Das Papier wenden.

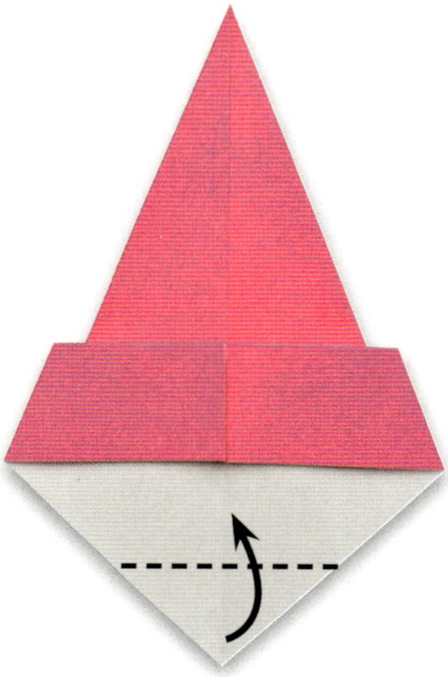

5 Die untere Spitze nach oben bis exakt an die Papierkante falten.

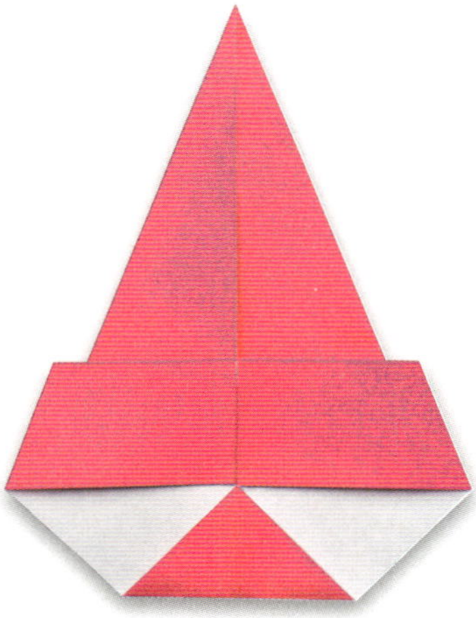

6 Jetzt sieht das Papier so aus.

★★ mittel

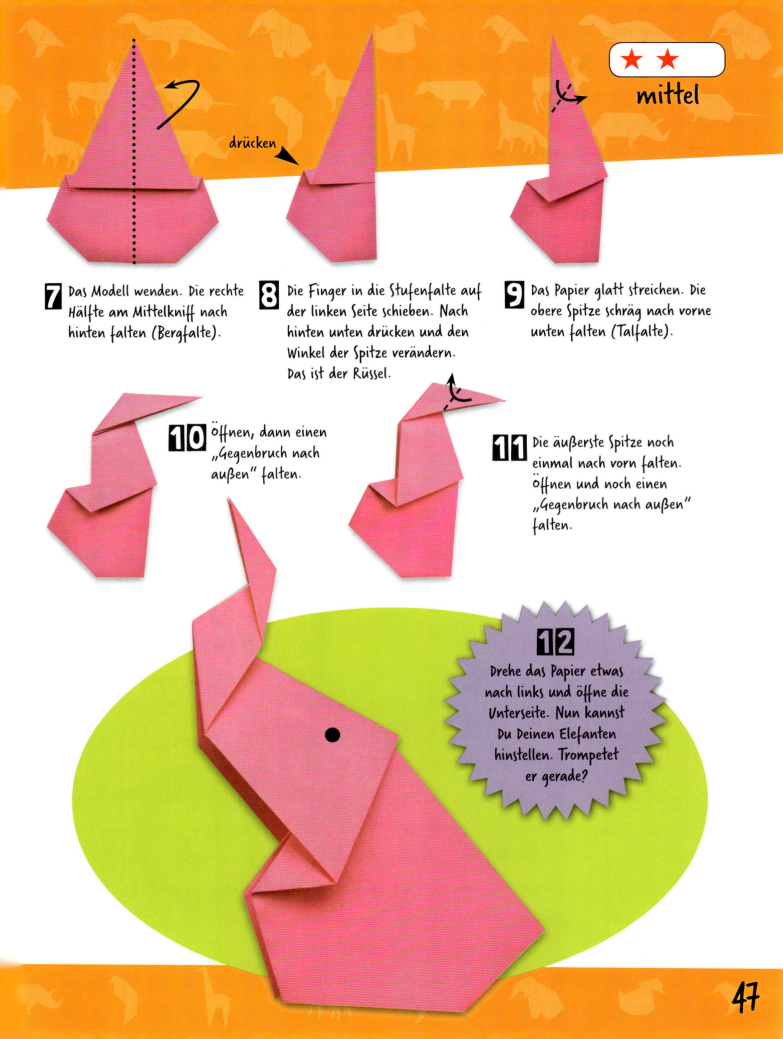

7 Das Modell wenden. Die rechte Hälfte am Mittelkniff nach hinten falten (Bergfalte).

8 Die Finger in die Stufenfalte auf der linken Seite schieben. Nach hinten unten drücken und den Winkel der Spitze verändern. Das ist der Rüssel.

9 Das Papier glatt streichen. Die obere Spitze schräg nach vorne unten falten (Talfalte).

10 Öffnen, dann einen „Gegenbruch nach außen" falten.

11 Die äußerste Spitze noch einmal nach vorn falten. Öffnen und noch einen „Gegenbruch nach außen" falten.

12
Drehe das Papier etwas nach links und öffne die Unterseite. Nun kannst Du Deinen Elefanten hinstellen. Trompetet er gerade?

Giraffe

Die Giraffe hat von allen lebenden Tierarten den längsten Hals. Er hilft ihr, zarte Blätter in den Baumkronen zu erreichen.

GRUNDFORM VOGEL

1 Beginne mit einer Vogel-Grundform (Seite 8). Drehe sie so, dass die Klappen mit dem Schlitz links liegen.

2 Die untere rechte Klappe nach links falten. Beide Klappen mit Schlitz befinden sich jetzt in der Mitte, wie auf dem Bild.

3 Die rechte und linke Spitze fassen (jede mit einer Hand) und vorsichtig auseinanderziehen, bis das Papier so aussieht.

4 Weiterziehen, bis sich der Mittelteil öffnet wie der Schnabel eines Vogels.

5 Das Papier leicht öffnen und aus dem Mittelkniff die Bergfalte verstärken.

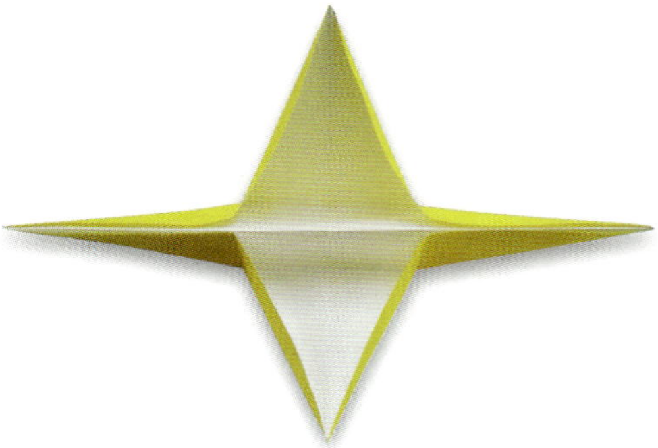

6 Das Papier wieder zusammenschieben. Die linke und rechte Spitze zusammendrücken wie Strahlen eines Sterns.

7 Die untere Spitze hoch auf die obere falten. Das Papier glatt streichen.

8 Das Modell wenden. Die Spitze zeigt jetzt nach unten.

★ ★ ★

schwierig

9 Die linke Spitze nach oben hinten drücken, sodass sich die hintere Klappe nach hinten bewegt und die vordere Klappe nach vorn.

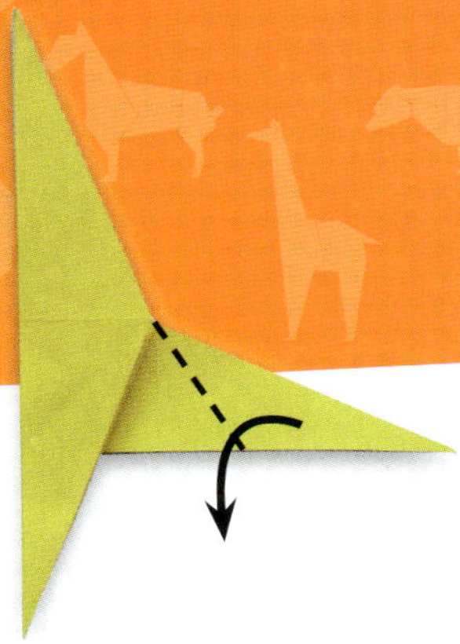

10 Das Papier glatt streichen. Die rechte Spitze schräg nach vorn falten (Talfalte).

11 Öffnen, dann für die Hinterbeine einen „Gegenbruch nach außen" falten.

12 Die obere Spitze schräg nach vorn falten (Talfalte).

13 Öffnen, dann für den Giraffenkopf einen „Gegenbruch nach außen" falten.

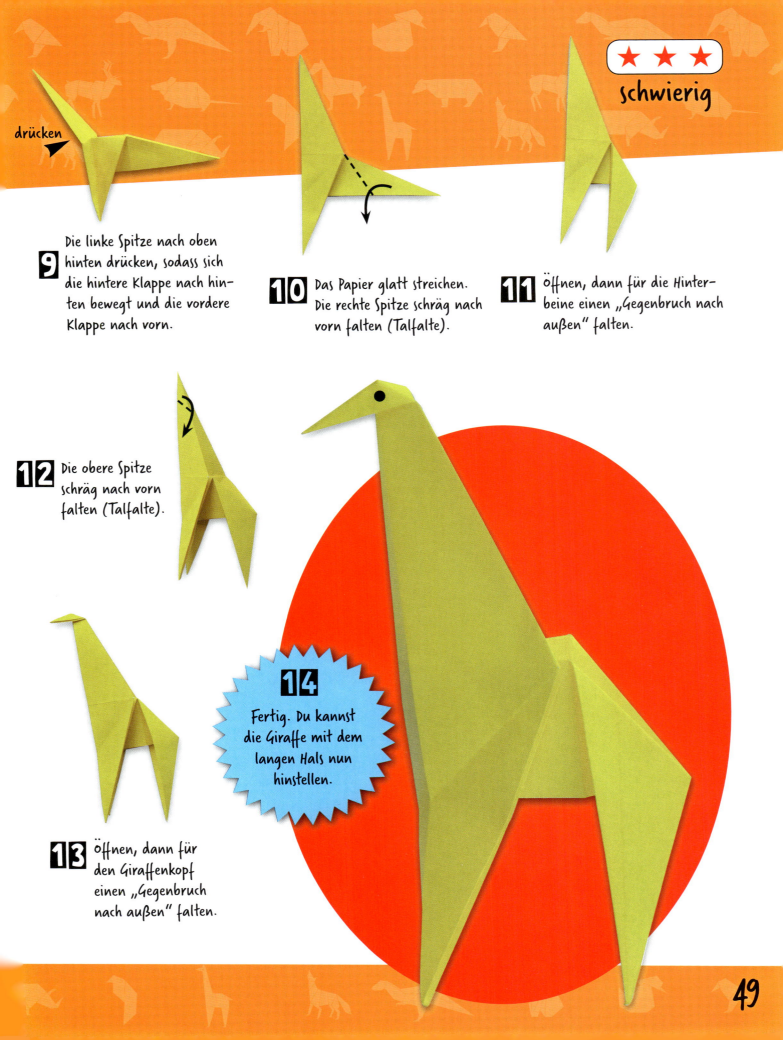

14 Fertig. Du kannst die Giraffe mit dem langen Hals nun hinstellen.

Frosch

Frösche können weit springen, weil sie so kräftige Hinterbeine haben. Dieser Origami-Frosch kann auch große Sprünge machen.

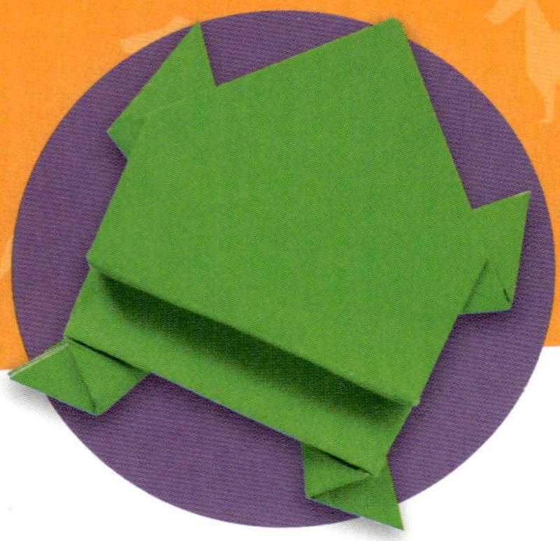

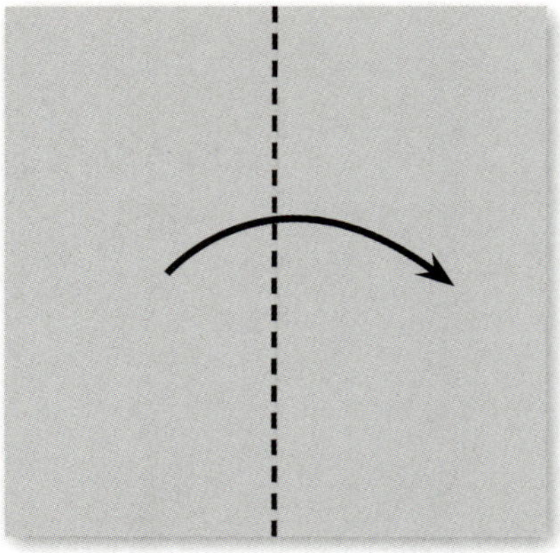

1 Die farbige Seite des Papiers zeigt nach unten. Von links nach rechts zur Hälfte falten (Talfalte).

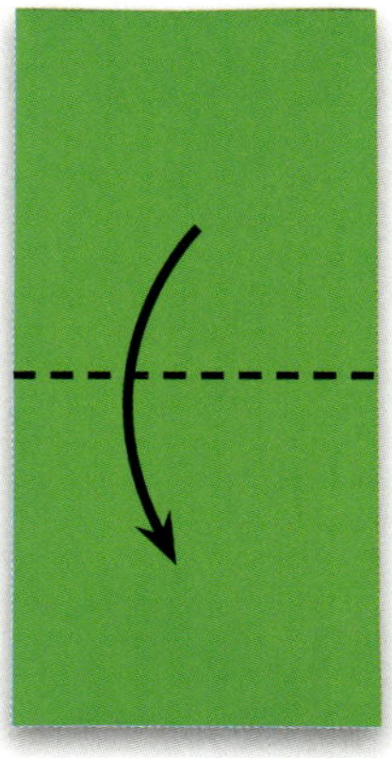

2 Nun von oben nach unten zur Hälfte falten (Talfalte).

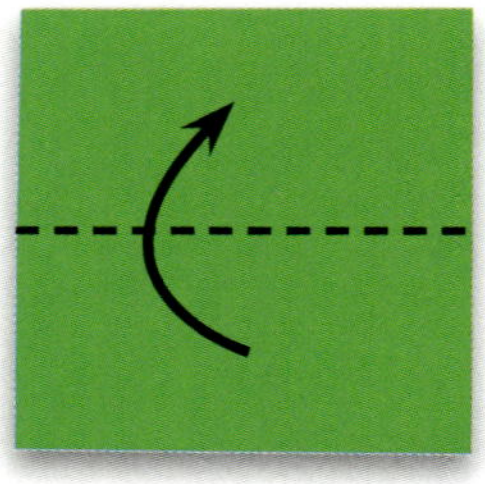

3 Nur die obere Lage an die Oberkante des Papiers falten (Talfalte).

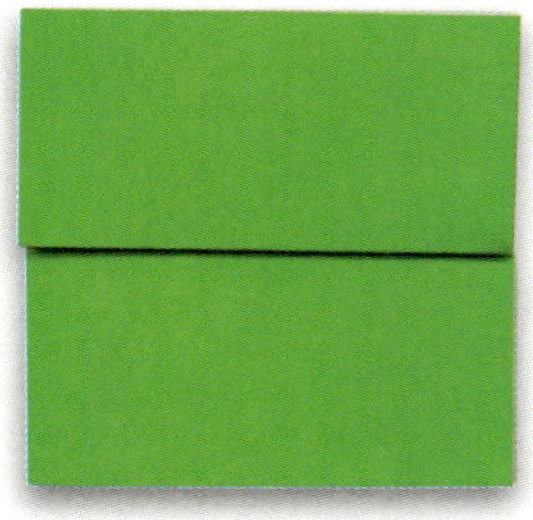

4 Jetzt sieht das Papier so aus.

5 Die Falten der letzten beiden Schritte wieder öffnen. Die obere rechte Ecke schräg nach unten falten.

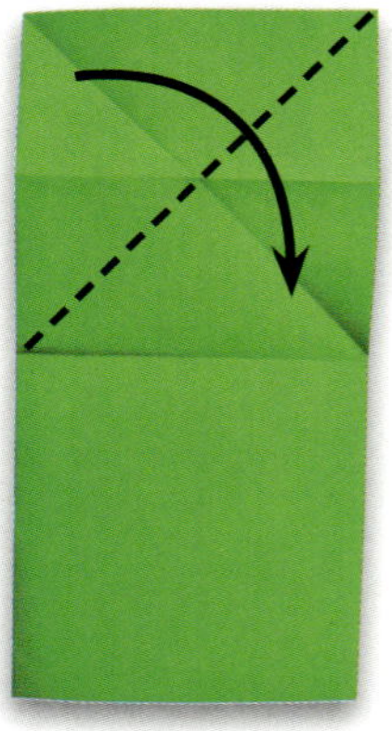

6 Öffnen, dann die obere linke Ecke nach unten falten.

7 Jetzt sieht das Papier so aus.

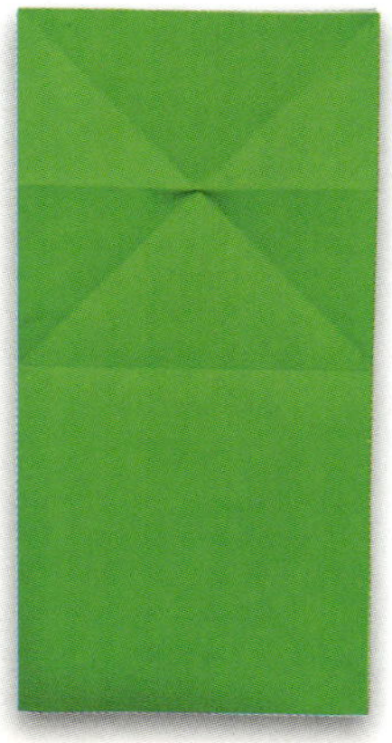

8 Den oberen Teil des Papiers wieder auseinanderfalten.

★★★ schwierig

9 Das obere Dreieck zusammendrücken.

10 Das obere Dreieck glatt streichen. Den unteren Teil bis an die Unterkante des Dreiecks falten.

11 Die untere rechte Klappe zum Mittelkniff falten (Talfalte). Sie bleibt unter dem Dreieck.

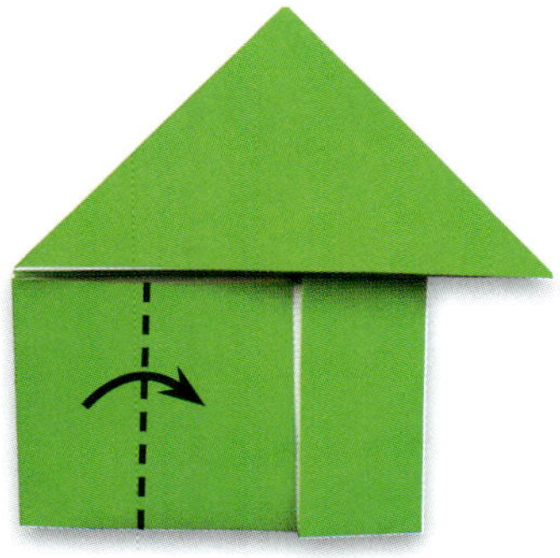

12 Links wiederholen.

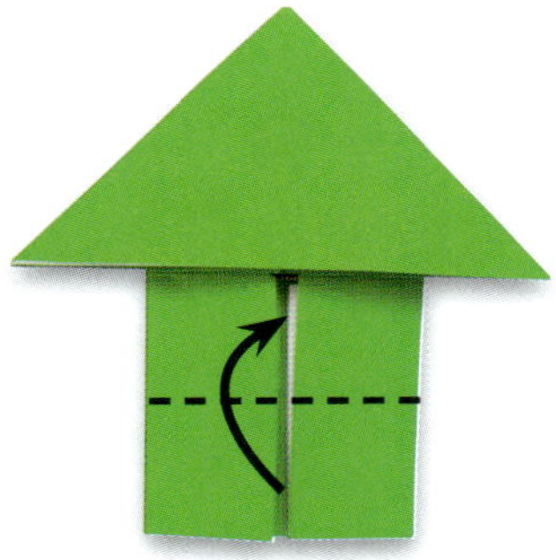

13 Den unteren Teil nach oben an die Unterkante des Dreiecks falten.

14 Die beiden oberen Ecken schräg zur Mitte hin falten (Talfalte).

15 Die unteren Teile entfalten. Von oben in die Ecken greifen und auseinanderziehen. Es entsteht die Bootsform wie in Bild 16.

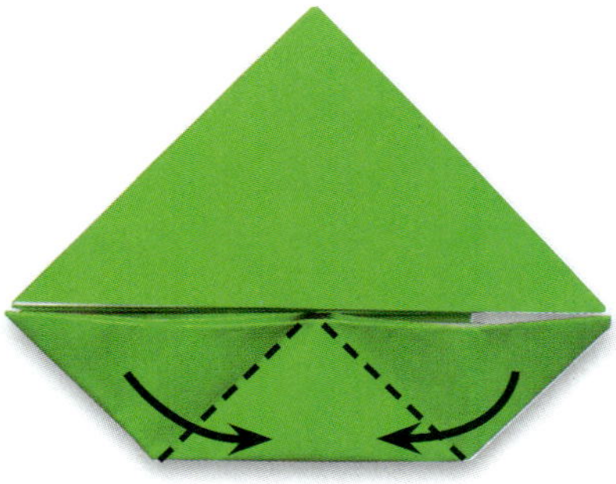

16 Das Papier glatt streichen. Beide Ecken zur senkrechten Mittellinie nach unten falten (Talfalte).

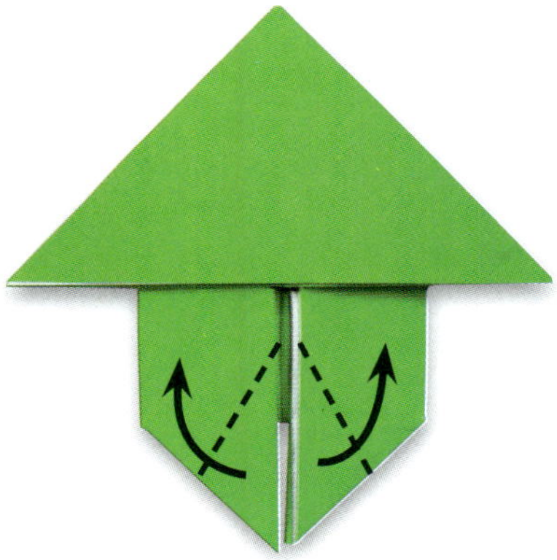

17 Beide untere Ecken nochmals schräg nach oben falten.

Frosch (Fortsetzung)

18 Nun die oberen äußeren Ecken schräg nach oben falten (Talfalte).

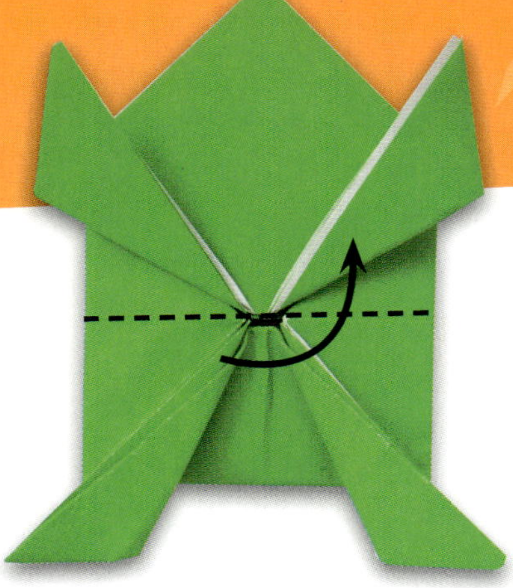

19 Die Figur in der Mitte quer zur Hälfte falten (Talfalte).

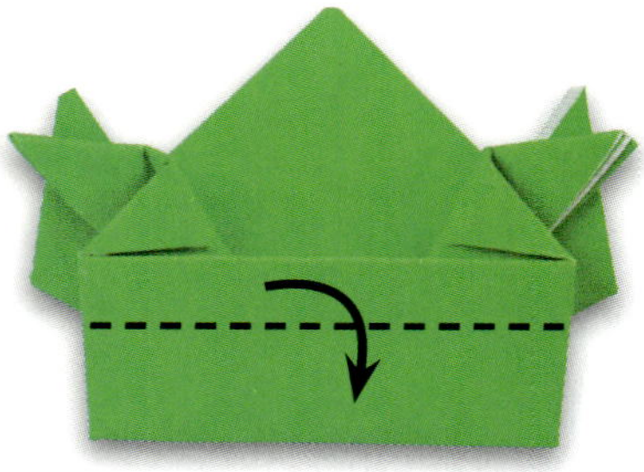

20 Wenden. Den oberen Teil quer nach unten falten. Diese Faltung ist sehr eng.

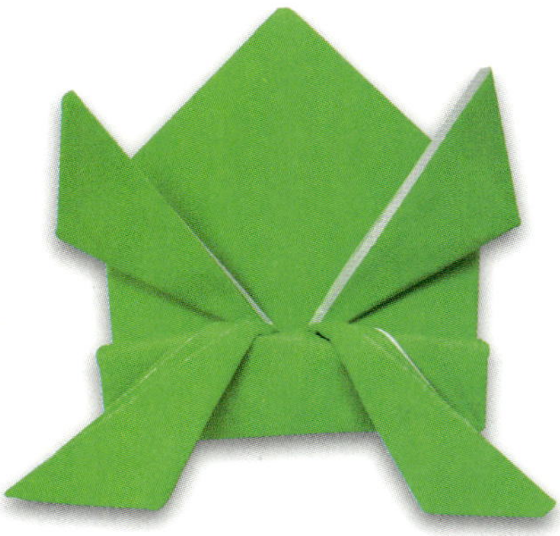

21 Jetzt sieht das Papier so aus.

22

Wenn Du es wendest, siehst Du Deinen Origami-Frosch. Drücke mit dem Finger auf die Falte auf seinem Rücken, dann hüpft er.

Im Haus

Hättest Du gern ein Haustier, vielleicht eine Katze oder eine Wasserschildkröte? Warum faltest Du Dir nicht eins – oder zwei? Hier hast Du die große Auswahl.

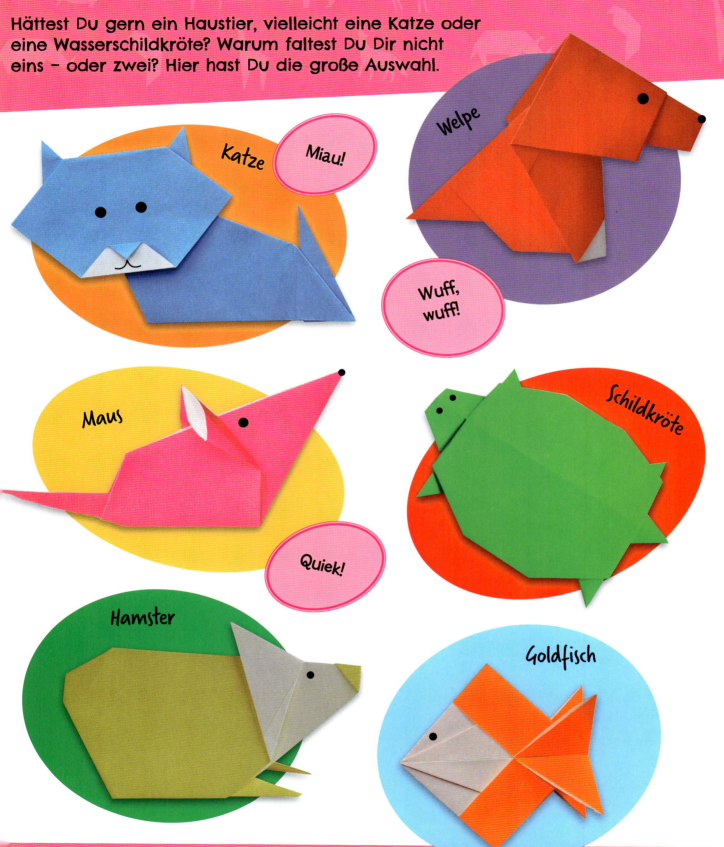

Katze

Die Menschen halten schon seit Jahrtausenden Katzen als Haustiere, weil sie freundlich sind und gern auf dem Schoß liegen.

DER KOPF

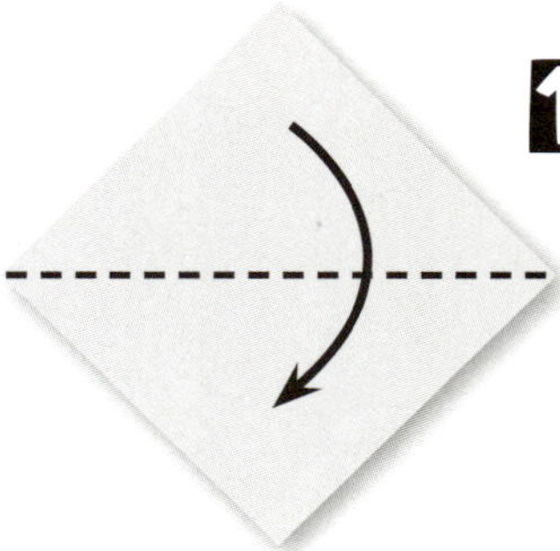

1 Die farbige Seite des Papiers zeigt nach unten, eine Spitze zeigt zu Dir. Quer zur Hälfte falten (Talfalte).

2 Wieder ausbreiten. Die obere Spitze nach unten bis an den Mittelkniff falten.

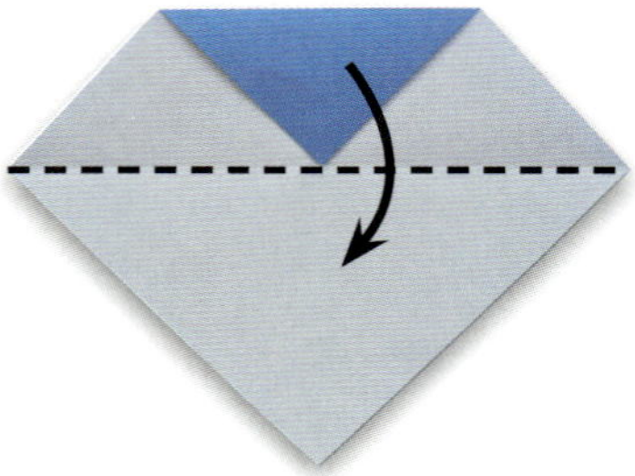

3 Die Figur am Mittelkniff nach unten falten (Talfalte).

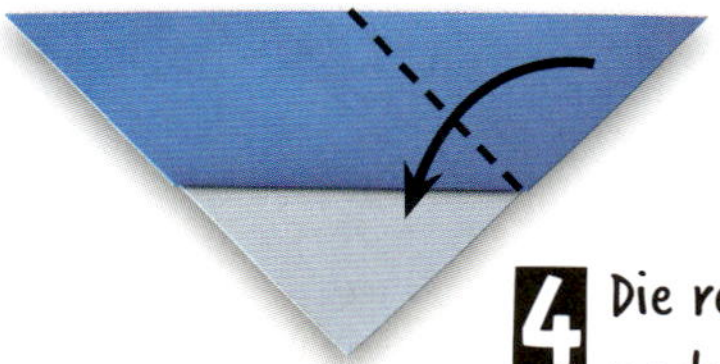

4 Die rechte Ecke nach unten falten.

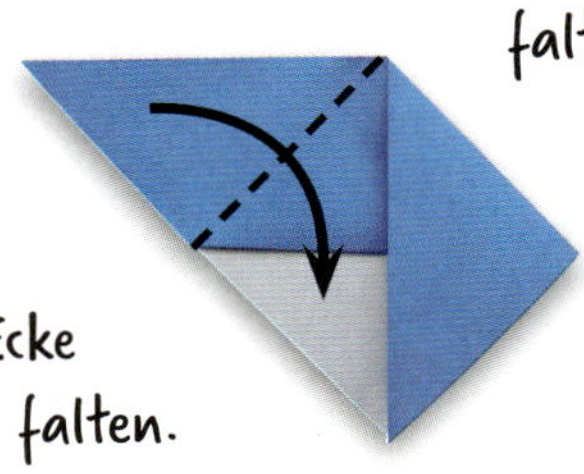

5 Links wiederholen.

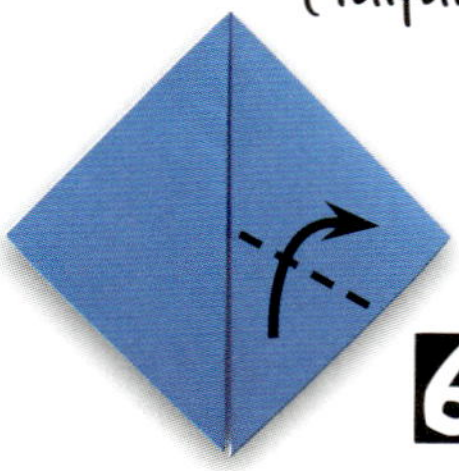

6 Die untere rechte Ecke schräg nach oben falten.

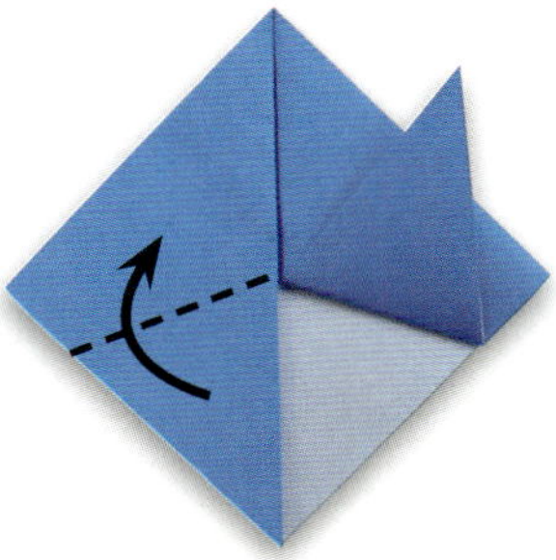

7 Links wiederholen. Das sind die Ohren.

8 Das Dreieck zwischen den Ohren nach unten falten (Talfalte).

9 Jetzt sieht das Papier so aus.

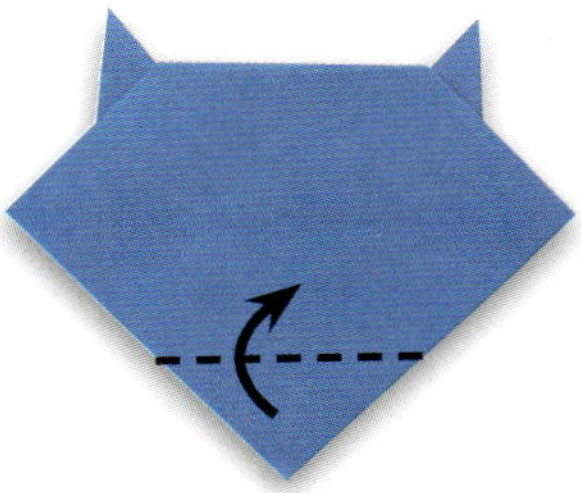

10 Wenden. Die untere Ecke nach oben falten (Talfalte).

11 Für die Nase die Spitze wieder nach unten falten.

12 Der Katzenkopf ist fertig.

DER KÖRPER

GRUND-FORM DRACHEN

★ einfach

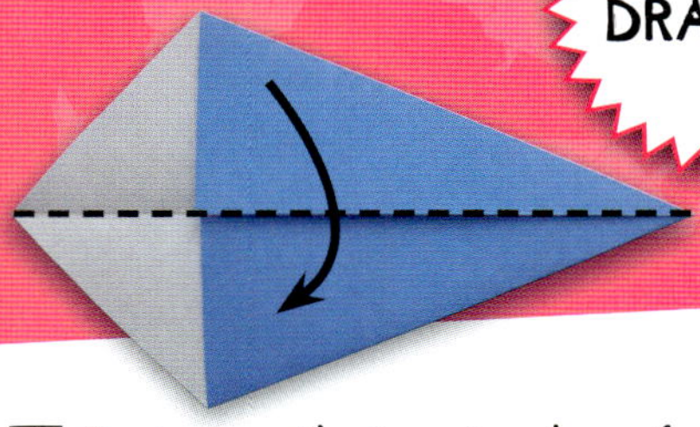

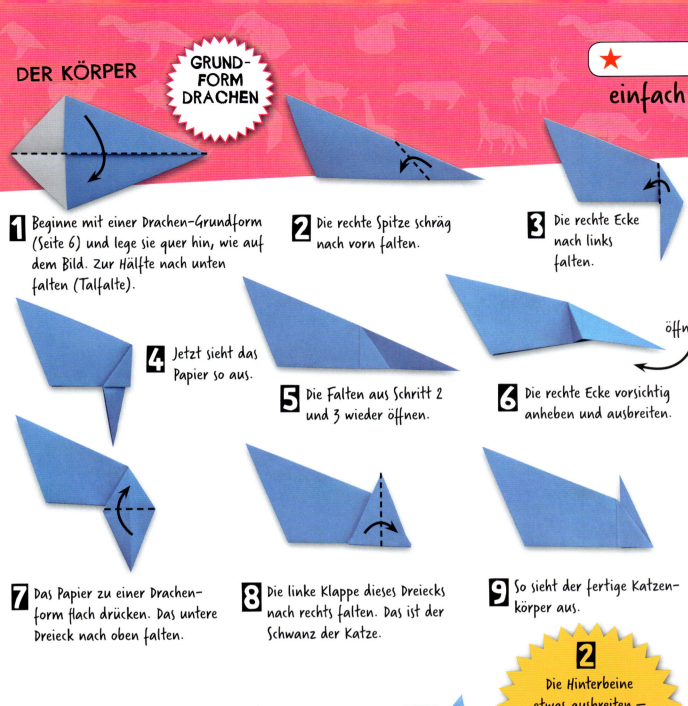

1 Beginne mit einer Drachen-Grundform (Seite 6) und lege sie quer hin, wie auf dem Bild. Zur Hälfte nach unten falten (Talfalte).

2 Die rechte Spitze schräg nach vorn falten.

3 Die rechte Ecke nach links falten.

4 Jetzt sieht das Papier so aus.

5 Die Falten aus Schritt 2 und 3 wieder öffnen.

6 Die rechte Ecke vorsichtig anheben und ausbreiten.

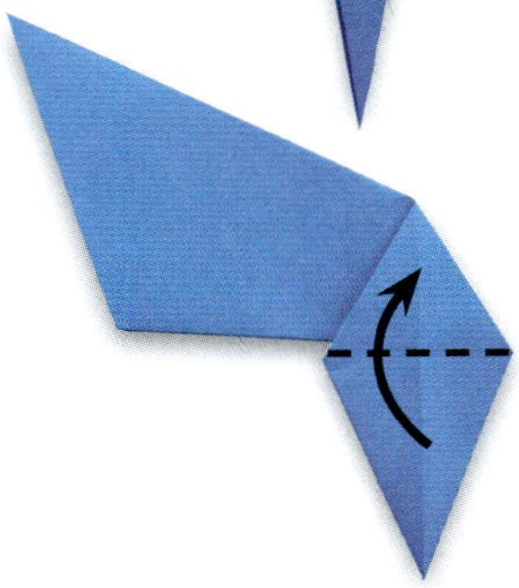

7 Das Papier zu einer Drachenform flach drücken. Das untere Dreieck nach oben falten.

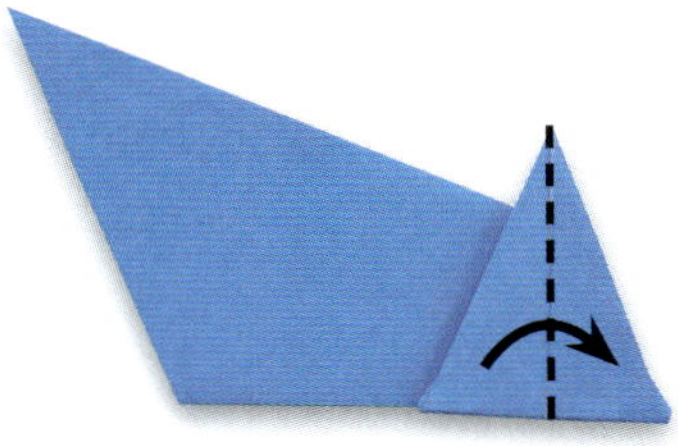

8 Die linke Klappe dieses Dreiecks nach rechts falten. Das ist der Schwanz der Katze.

9 So sieht der fertige Katzenkörper aus.

DIE KATZE ZUSAMMENSETZEN

1 Den Kopf auf den Katzenkörper stecken.

2 Die Hinterbeine etwas ausbreiten – und jetzt kannst Du mit der Katze spielen.

Hamster

Der Hamster sammelt Futter in seinen weiten Backentaschen. Wenn sie voll sind, sieht sein Kopf riesig aus.

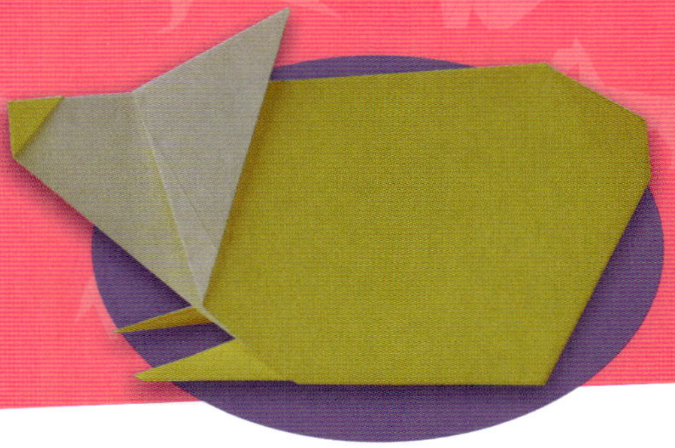

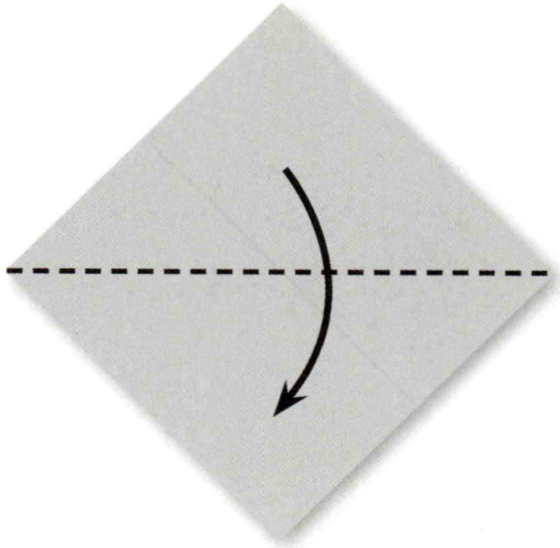

1 Die farbige Seite des Papiers zeigt nach unten, eine Spitze zeigt zu Dir. Das Papier quer zur Hälfte falten (Talfalte).

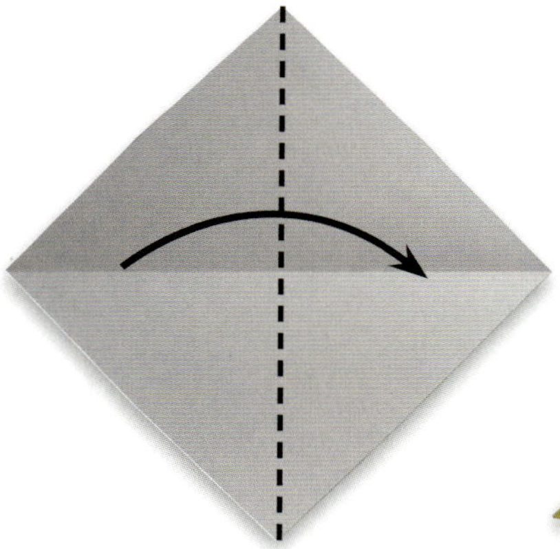

2 Ausbreiten und in der anderen Richtung wiederholen.

3 Das Papier so drehen, dass die lange Kante unten liegt. Die Spitze der oberen Klappe nach unten falten.

4 Eine kleine Spitze der unteren Klappe nach unten falten.

5 Jetzt sieht das Papier so aus. Das Papier wenden.

6 Die rechte Ecke schräg nach oben falten. Dabei entsteht eine Klappe.

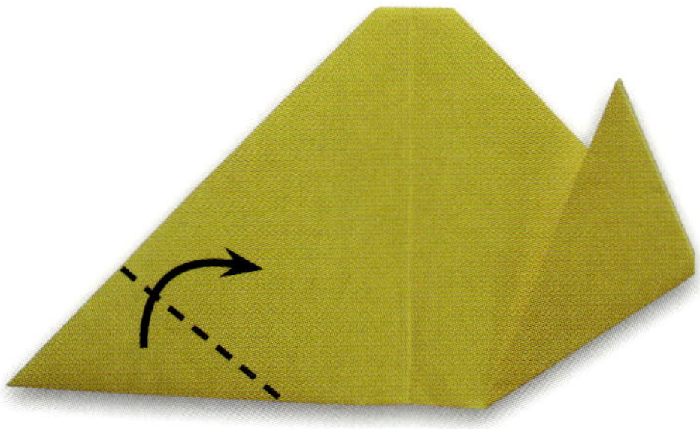

7 Links wiederholen.

einfach

8 Die rechte Ecke senkrecht nach vorn falten.

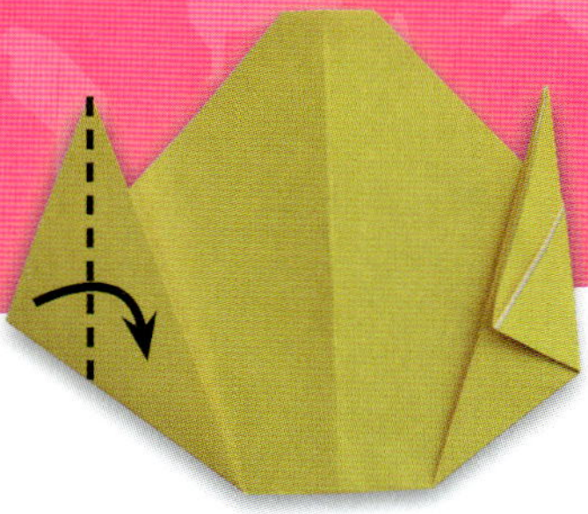

9 Links wiederholen.

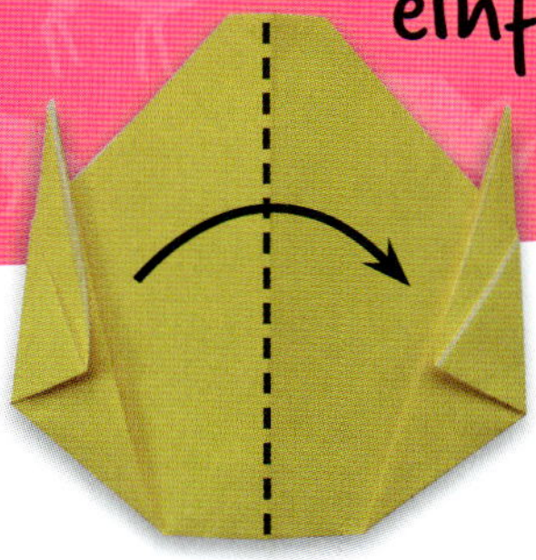

10 Die Figur am Mittelkniff zur Hälfte falten (Talfalte).

11 Das Papier drehen wie auf dem Bild. Die linke obere Ecke schräg nach vorn falten.

12 Wieder öffnen, dann für den Schwanz einen „Gegenbruch nach innen" falten.

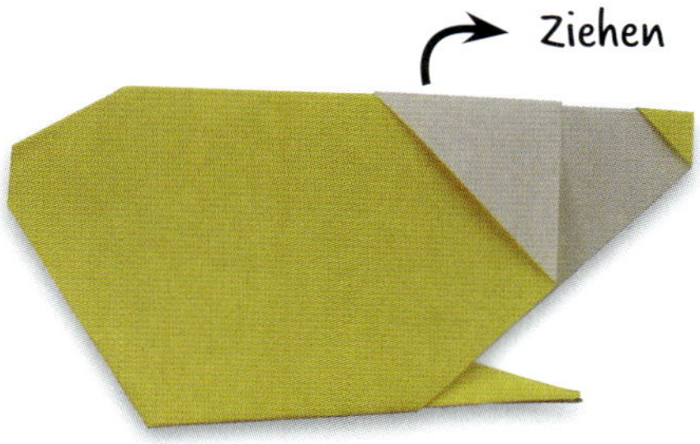

13 Vorsichtig die Ohren hochziehen.

14 Fertig! Jetzt geht der niedliche Hamster auf die Suche nach Futter.

Welpe

Welpen sind niedlich und verspielt, aber sie müssen auch lernen zu gehorchen. Dieser kleine Origami-Welpe hört aufs Wort.

GRUND-
FORM
DRACHEN

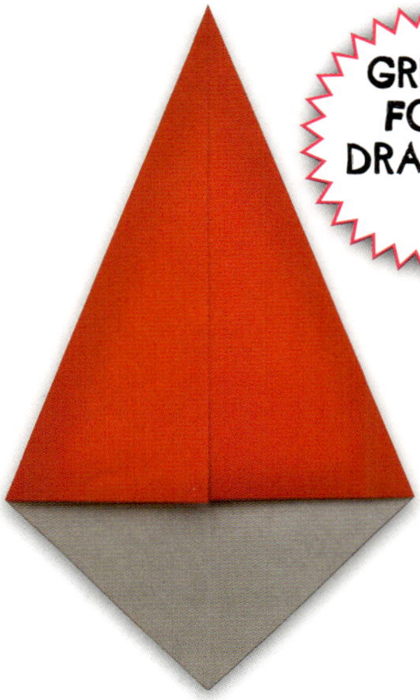

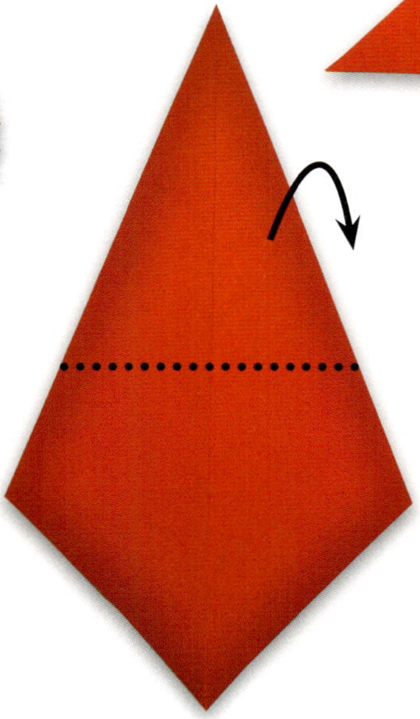

1 Beginne mit einer Drachen-Grundform (Seite 6). Kopfüber drehen und das Papier wenden.

2 Die obere Hälfte hinter die untere falten (Bergfalte).

3 Jetzt sieht das Papier so aus. Die letzte Falte wieder öffnen.

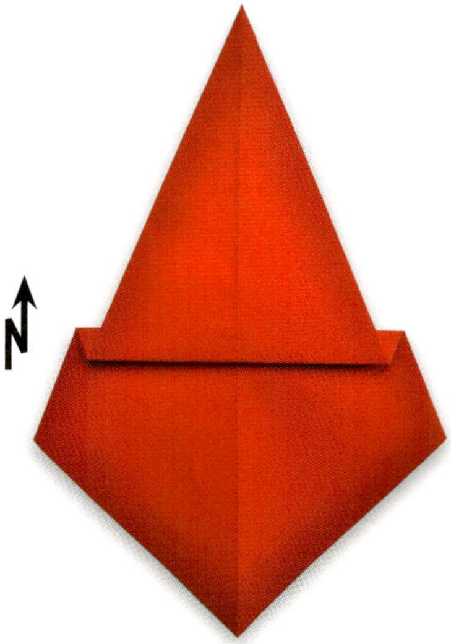

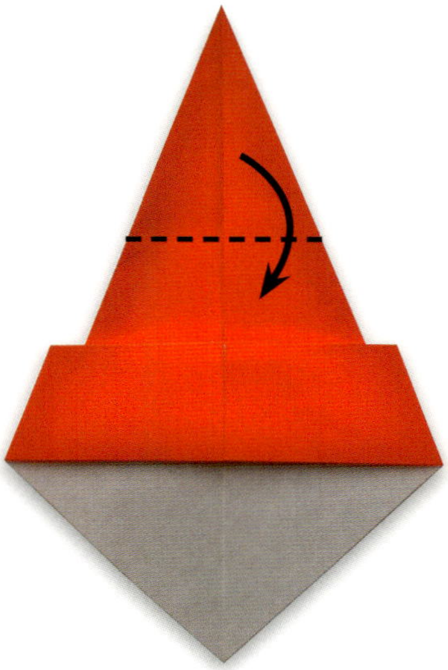

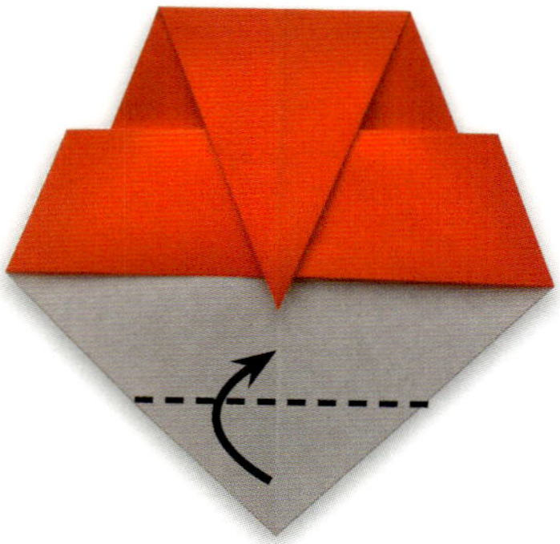

4 Dicht unter dem Kniff eine Talfalte machen. Nun hast Du eine Stufenfalte. Das Papier wenden.

5 Die obere Spitze nach unten falten.

6 Die untere Spitze nach oben falten. Sie muss genau an die Spitze des oberen Teils stoßen.

★ einfach

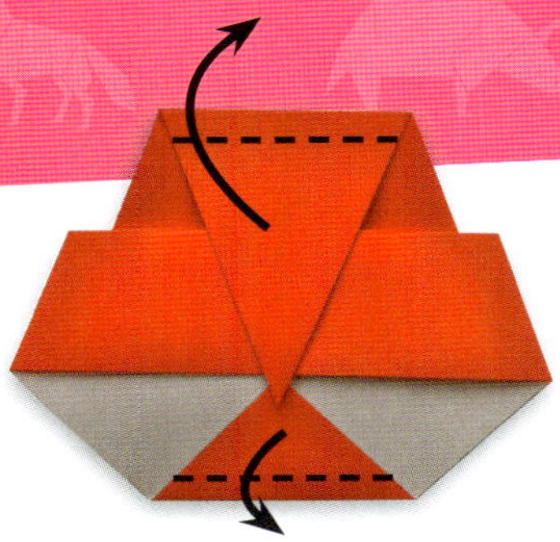

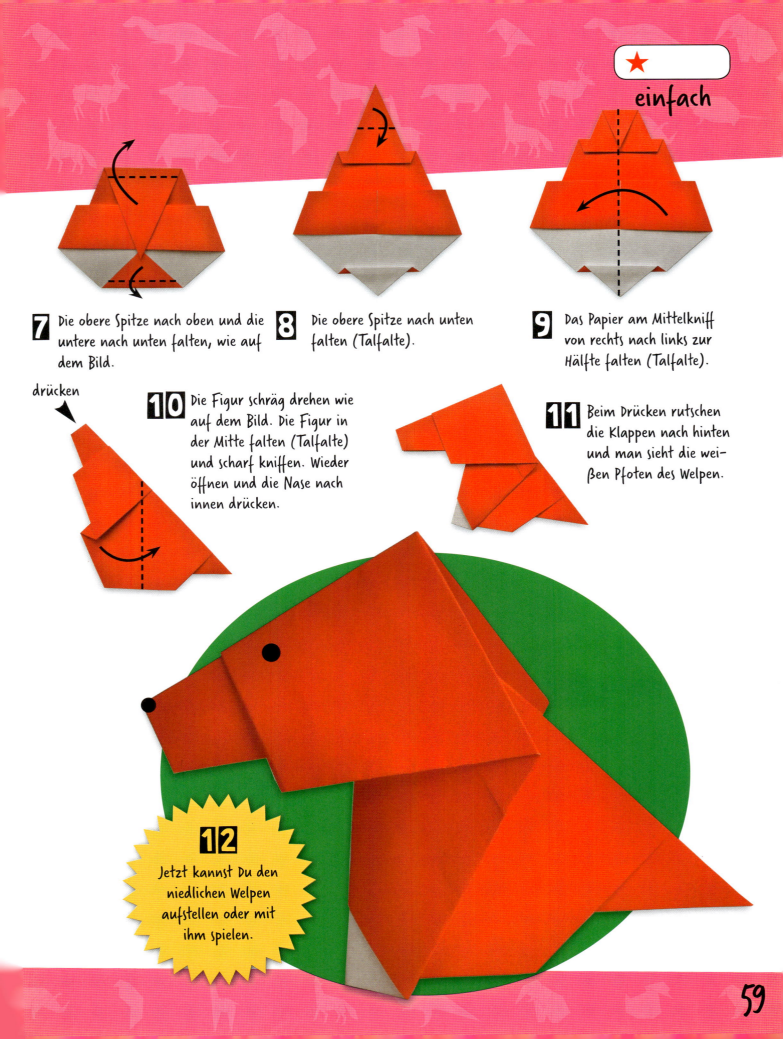

7 Die obere Spitze nach oben und die untere nach unten falten, wie auf dem Bild.

8 Die obere Spitze nach unten falten (Talfalte).

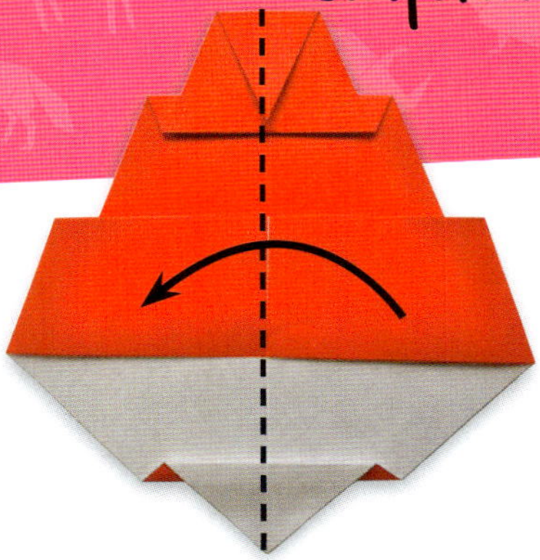

9 Das Papier am Mittelkniff von rechts nach links zur Hälfte falten (Talfalte).

10 Die Figur schräg drehen wie auf dem Bild. Die Figur in der Mitte falten (Talfalte) und scharf kniffen. Wieder öffnen und die Nase nach innen drücken.

11 Beim Drücken rutschen die Klappen nach hinten und man sieht die weißen Pfoten des Welpen.

12 Jetzt kannst Du den niedlichen Welpen aufstellen oder mit ihm spielen.

Goldfisch

Goldfische gibt es in vielen verschiedenen Farben: Rot, Orange, Gelb, Weiß, Schwarz und Braun. Falte Deinen Fisch in Deiner Lieblingsfarbe.

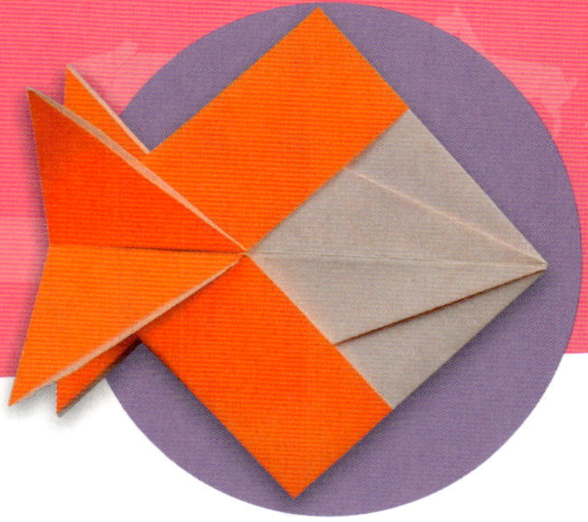

1 Die farbige Seite des Papiers zeigt nach unten. Die obere Hälfte in der Mitte nach hinten falten (Bergfalte).

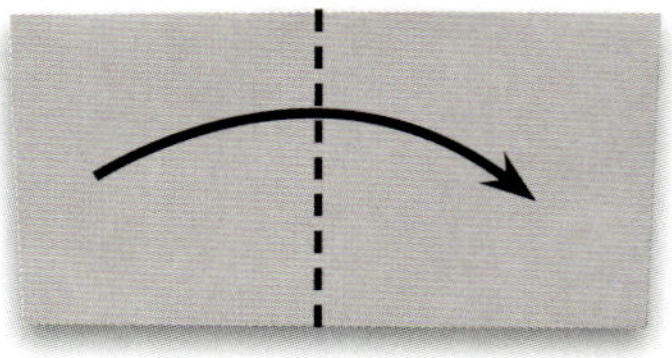

2 Eine Talfalte von links nach rechts machen.

3 Jetzt sieht das Papier so aus.

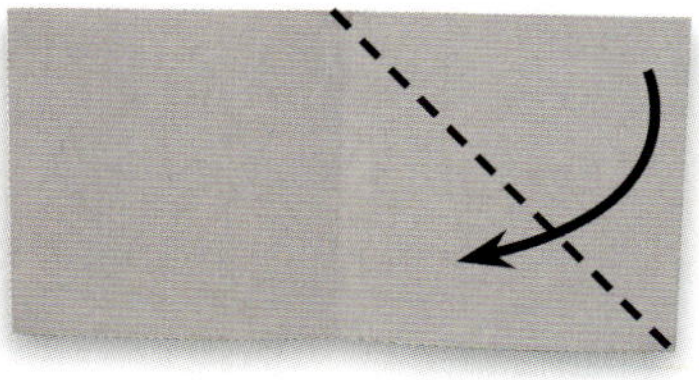

4 Wieder öffnen. Die rechte Ecke nach vorn zur Mitte falten.

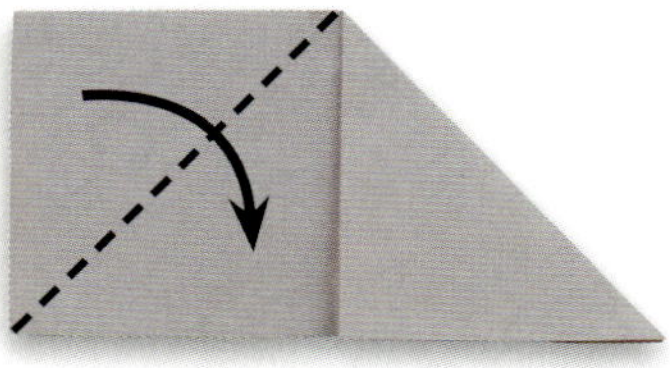

5 Links wiederholen.

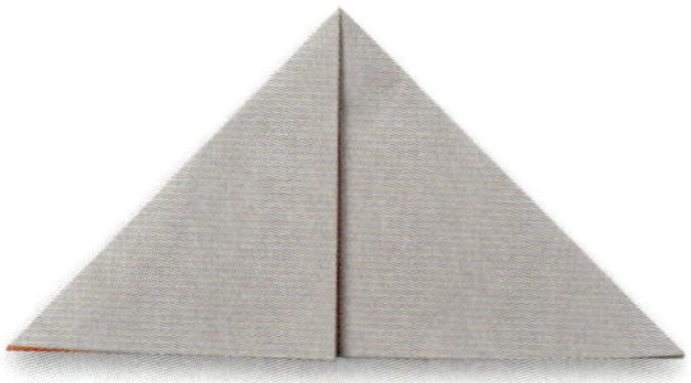

6 Jetzt sieht das Papier so aus.

7 Die rechte obere Ecke vorsichtig öffnen.

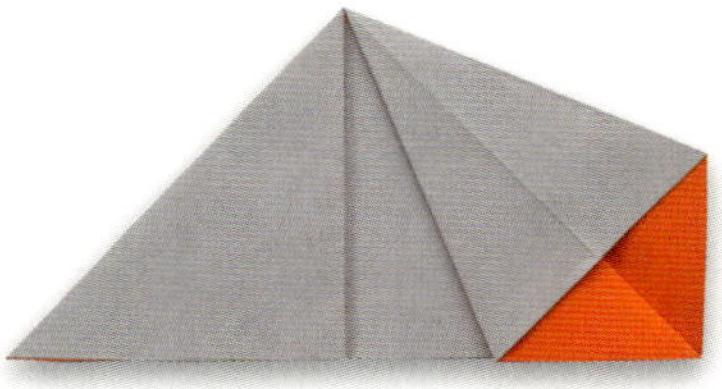

8 Das Papier in eine Drachenform streichen, wie auf dem Bild.

9 Schritt 7 und 8 links wiederholen.

10 Das Modell wenden. Die rechte Ecke schräg nach vorn falten.

11 Links wiederholen.

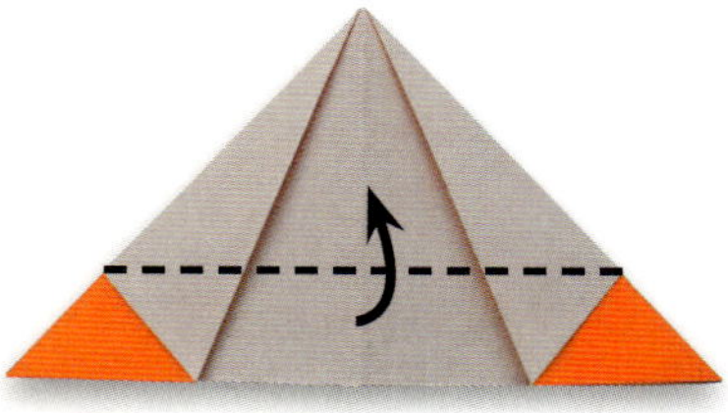

12 Die Unterkante der oberen Klappe nach oben falten.

★ einfach

13 Jetzt sieht das Papier so aus. Wenden.

14 Den unteren Teil nach oben falten.

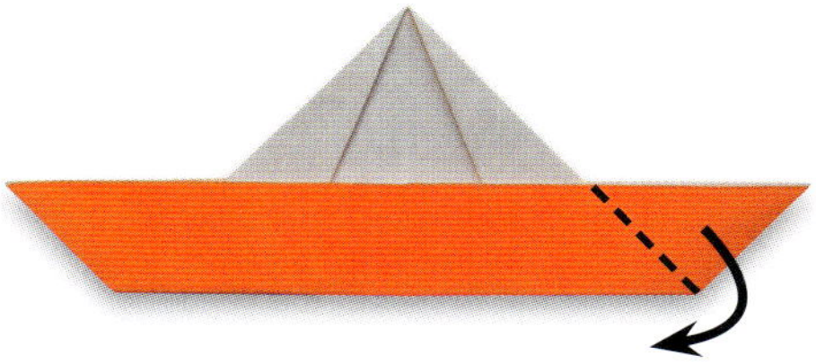

15 Die rechte obere Ecke schräg nach vorn falten.

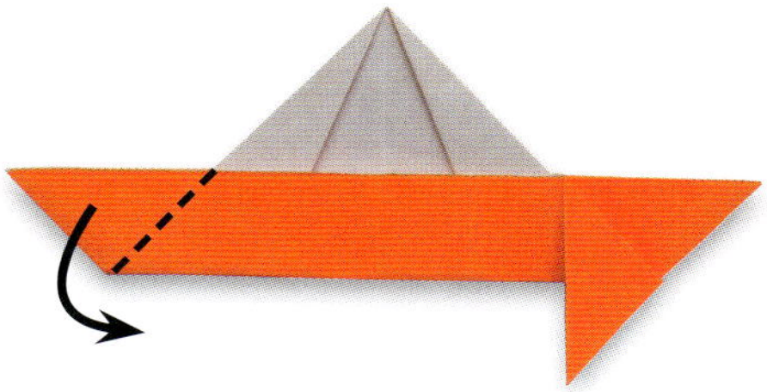

16 Links wiederholen.

17 Die beiden hinteren Ecken nach hinten falten.

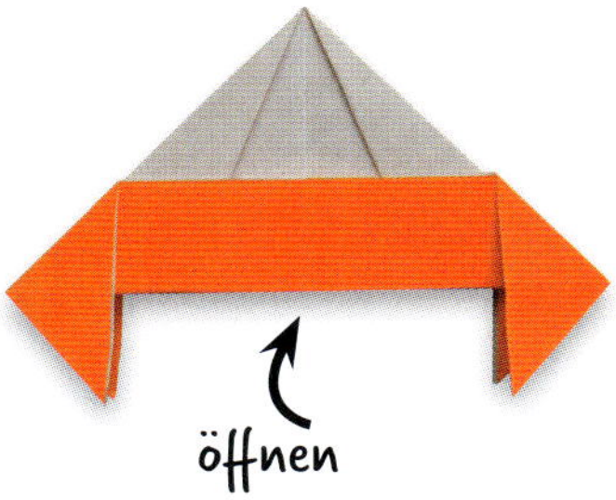

18 Jetzt sieht das Papier so aus. Öffne vorsichtig die Unterseite.

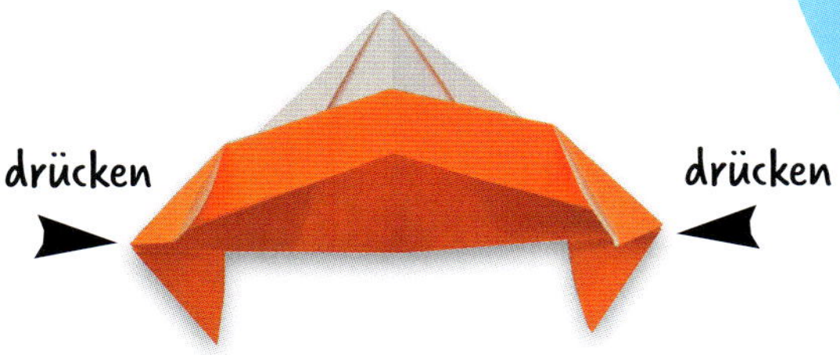

19 Drücke die Seiten zusammen, bis sich die Form mit einem Ruck schließt.

20 Die Figur auf die Seite drehen und die Schwanzflossen auffächern. Sieht er nicht schön aus?

Maus

Die Maus hat einen ausgezeichneten Geruchssinn. Mit ihrer langen, spitzen Nase erkundet sie ihre Umgebung.

GRUND-FORM FISCH

1 Beginne mit einer Fisch-Grundform (Seite 6). Drehe sie so, dass die oberen Klappen nach links zeigen. Eine Bergfalte in die untere Klappe machen und unter die Klappe schieben.

2 Eine Bergfalte in die obere Klappe machen und unter die untere Klappe schieben.

3 Die linke Spitze nach hinten falten (Bergfalte).

4 Die obere linke Ecke nach hinten falten (Bergfalte).

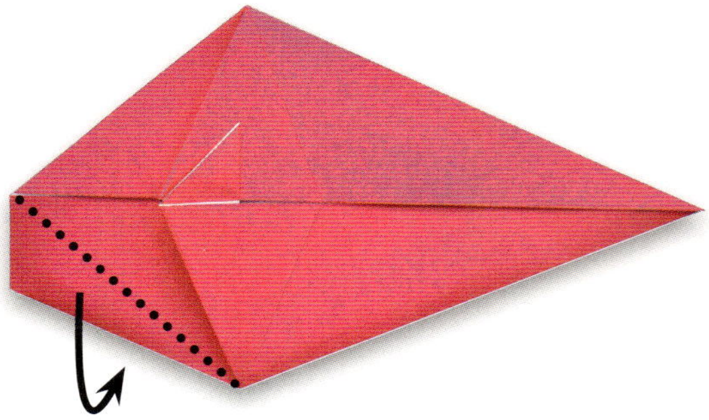

5 Unten wiederholen.

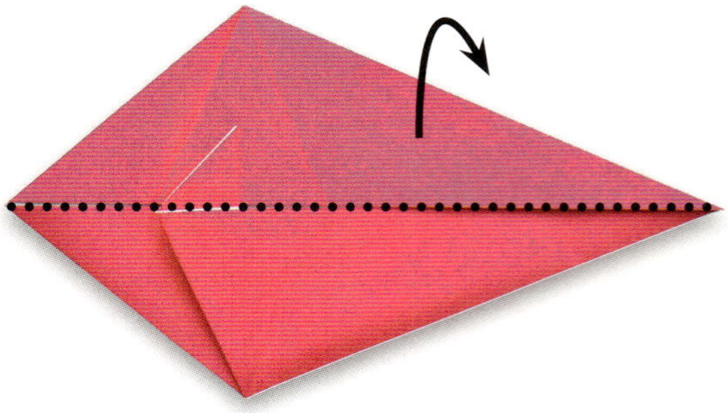

6 Die obere Hälfte an der Mittellinie nach hinten falten (Bergfalte).

★ ★

mittel

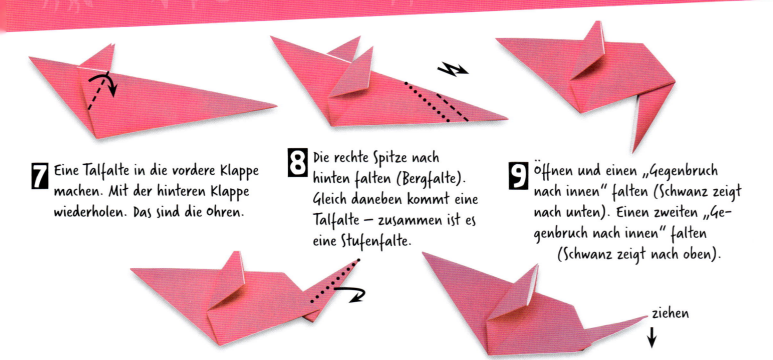

7 Eine Talfalte in die vordere Klappe machen. Mit der hinteren Klappe wiederholen. Das sind die Ohren.

8 Die rechte Spitze nach hinten falten (Bergfalte). Gleich daneben kommt eine Talfalte – zusammen ist es eine Stufenfalte.

9 Öffnen und einen „Gegenbruch nach innen" falten (Schwanz zeigt nach unten). Einen zweiten „Gegenbruch nach innen" falten (Schwanz zeigt nach oben).

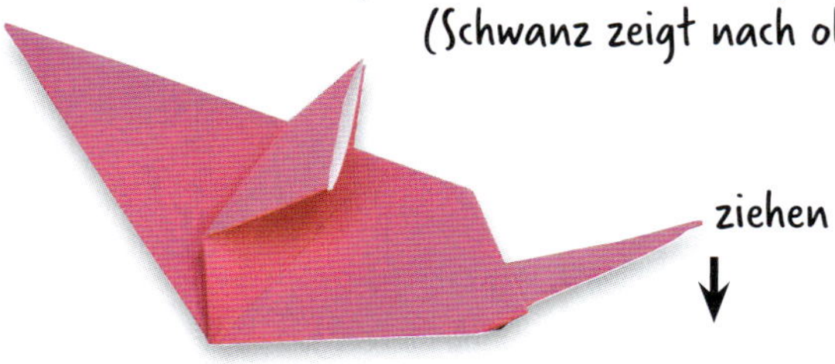

10 Die rechte Kante der vorderen Schwanzklappe nach hinten falten, damit der Schwanz schmaler wird. Mit der hinteren Klappe wiederholen.

11 Die Ohren aufstülpen und den Schwanz vorsichtig nach unten drücken.

12 Die Maus ist fertig und reckt ihre spitze Nase schnuppernd in die Höhe.

Schildkröte

Wasserschildkröten können mit ihren kräftigen Flossen zügig schwimmen. Ihr runder Panzer schützt sie gut vor Feinden.

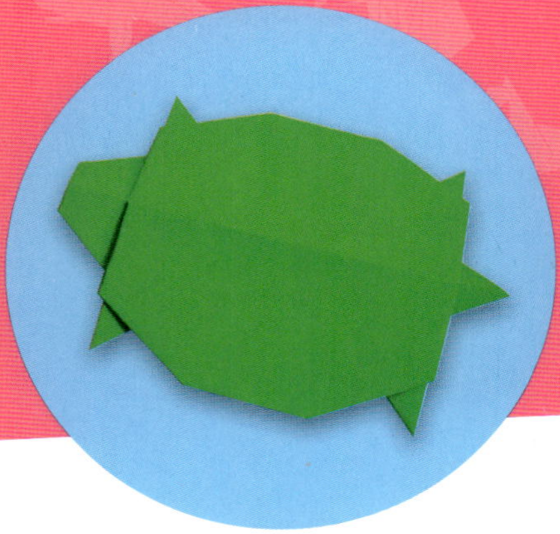

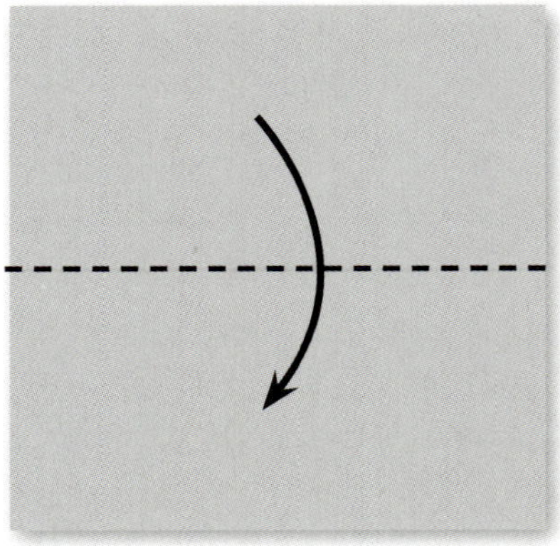

1 Die farbige Seite des Papiers zeigt nach unten. Zur Hälfte falten (Talfalte) und wieder öffnen.

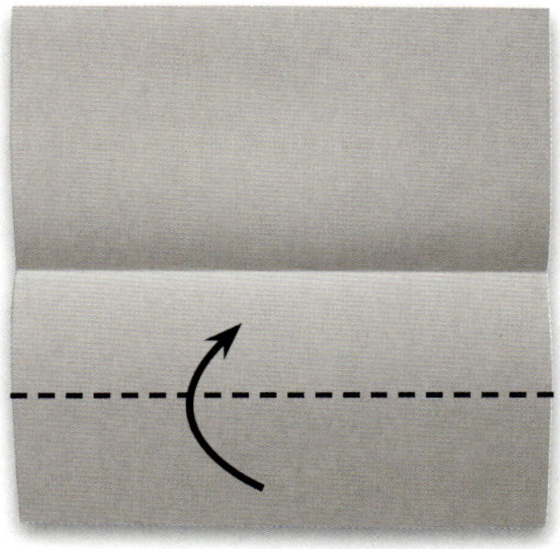

2 Die Unterkante bis an den Mittelkniff falten (Talfalte).

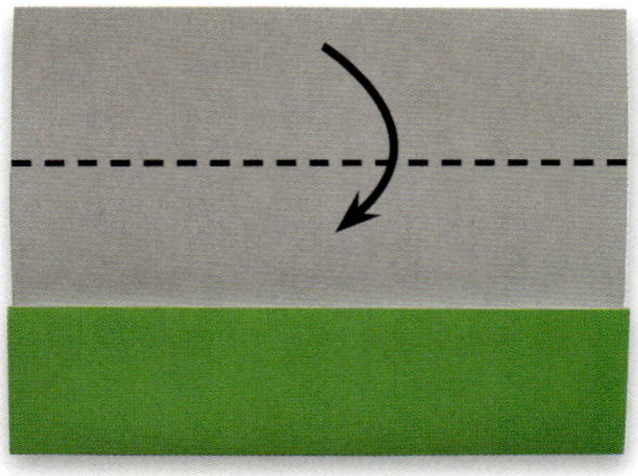

3 Mit der Oberkante wiederholen.

4 Die rechte obere Ecke nach vorn falten.

5 Unten wiederholen.

6 Jetzt sieht das Papier so aus.

7 Die obere Ecke öffnen.

8 Flach drücken. Dabei entsteht eine Dreiecksform, wie auf dem Bild.

9 Schritt 7 und 8 mit der unteren rechten Ecke wiederholen.

10 Schritt 4 bis 9 mit den linken Ecken wiederholen.

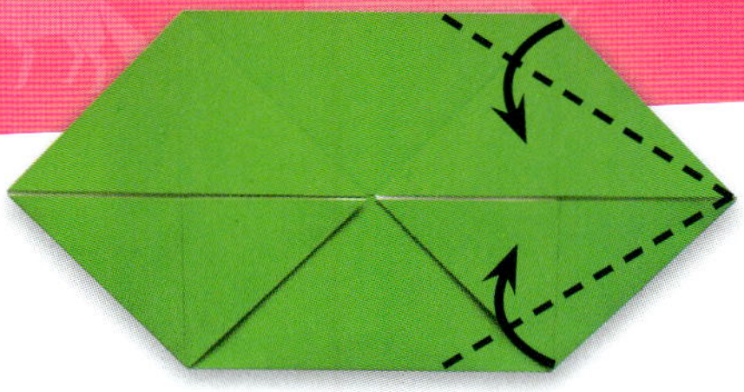

11 Die obere und untere rechte Ecke nach innen falten (Talfalte).

12 Die linken Ecken ebenfalls nach innen falten.

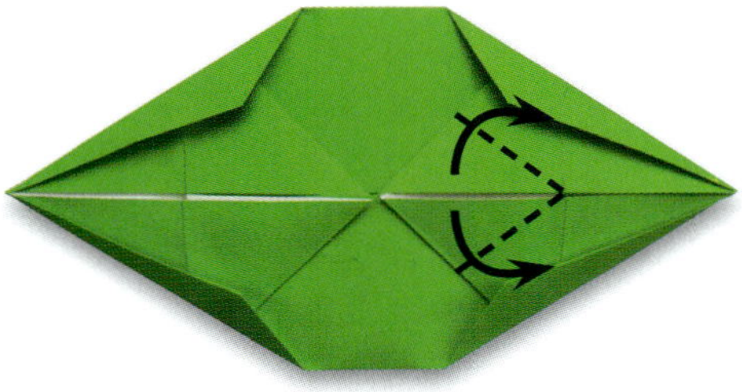

13 Die rechten Klappen innen nach außen falten. Das werden die Füße der Schildröte.

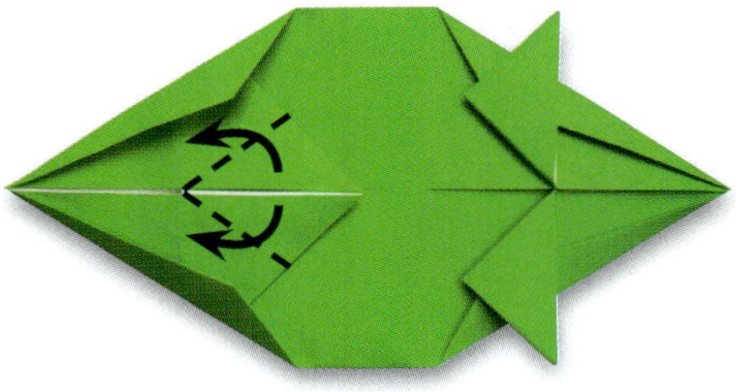

14 Links wiederholen.

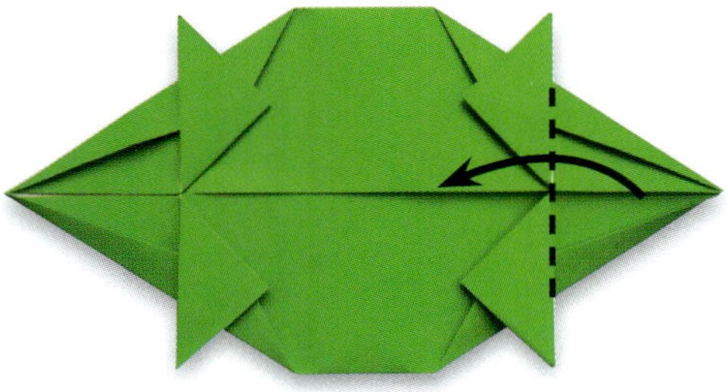

15 Die rechte Spitze vor den Füßen nach links falten.

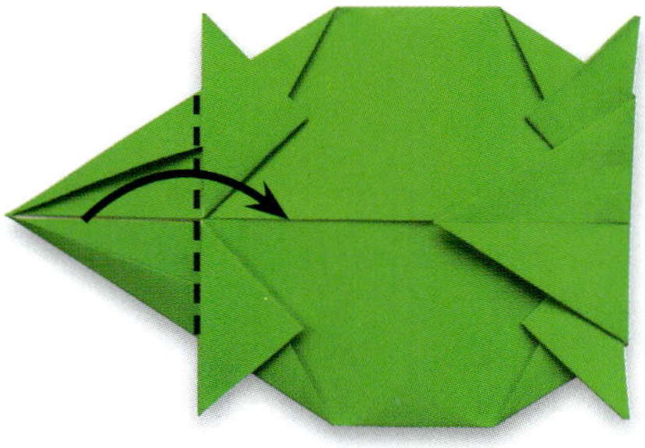

16 Die linke Spitze vor den Füßen nach rechts falten.

17 Die rechte Spitze zum Teil zurückfalten.

Schildkröte (Fortsetzung)

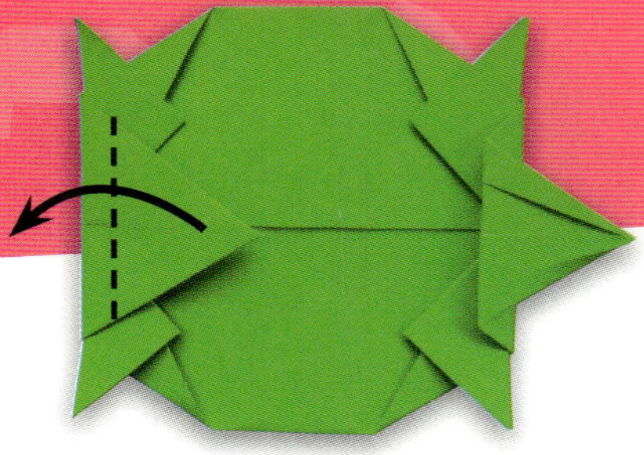

18 Links wiederholen.

19 Die linke äußerste Spitze nach rechts falten. Das macht die Nase stumpf.

20 Das Modell wenden und am Mittelkniff leicht aufbiegen.

21 Jetzt kannst Du die Schildkröte auf ihre kurzen Beine stellen.

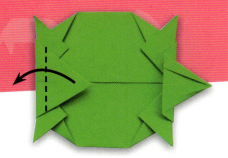

In der Luft

Aus buntem Papier kannst Du verschiedene Vögel und sogar einen Schmetterling falten. Alle sehen aus, als ob sie gleich losfliegen wollten.

Schwan

Schwäne, die elegant über einen See segeln oder majestätisch darin schwimmen, sehen sehr hübsch aus. So werden sie gefaltet:

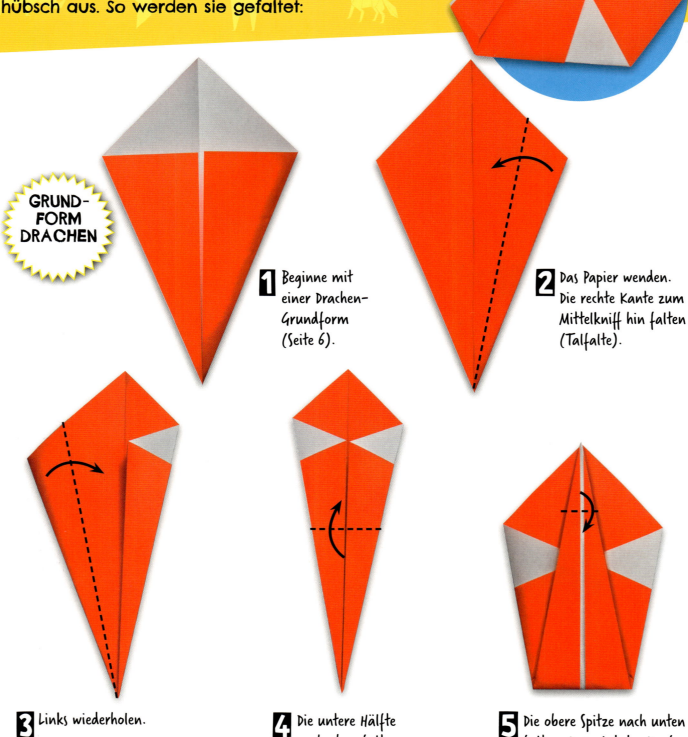

GRUND-
FORM
DRACHEN

1 Beginne mit einer Drachen-Grundform (Seite 6).

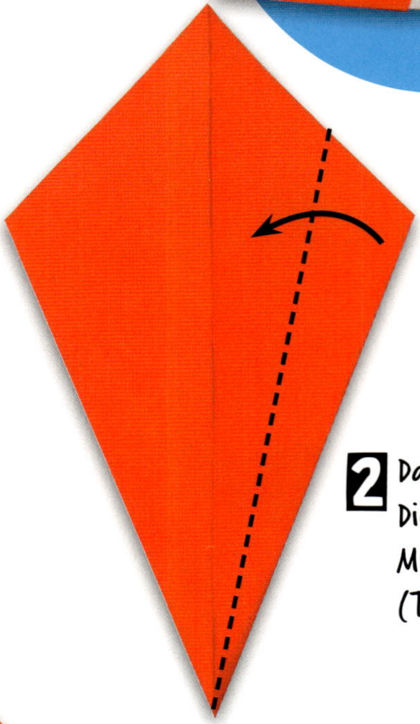

2 Das Papier wenden. Die rechte Kante zum Mittelkniff hin falten (Talfalte).

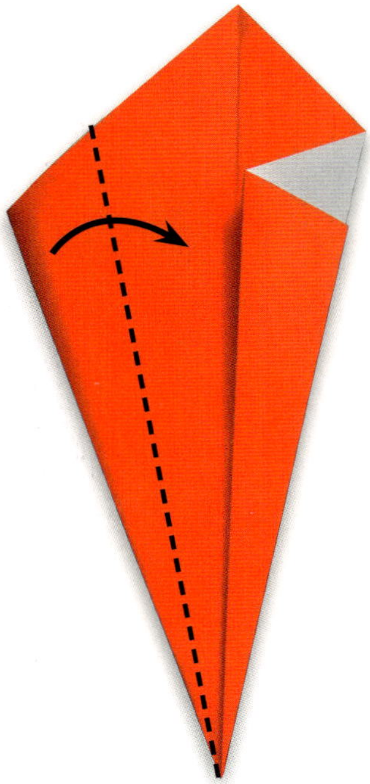

3 Links wiederholen.

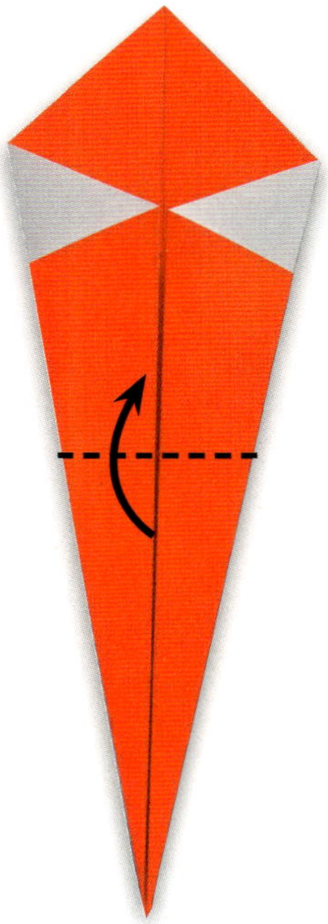

4 Die untere Hälfte nach oben falten.

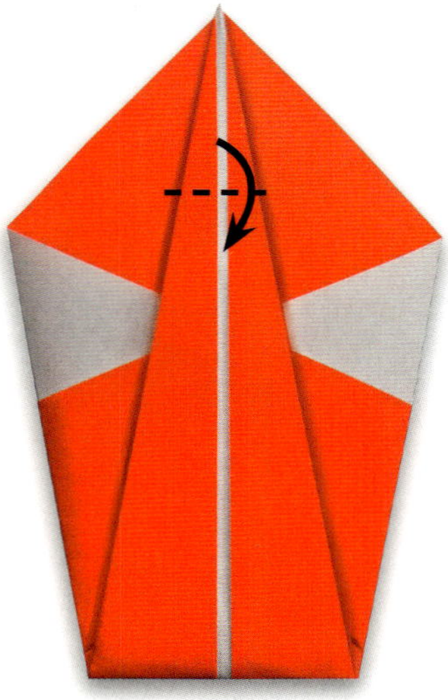

5 Die obere Spitze nach unten falten. Das wird der Kopf.

★ einfach

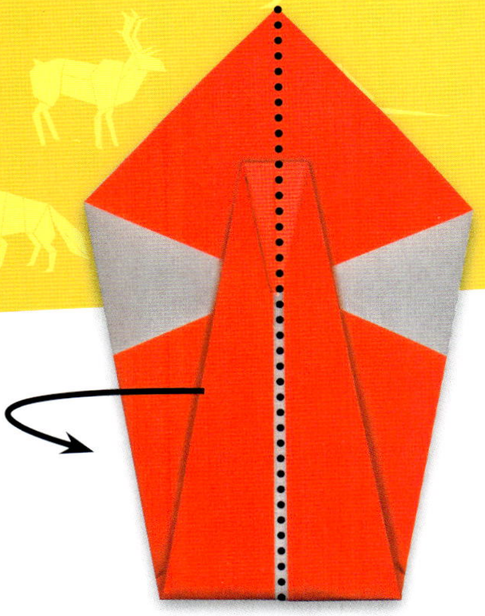

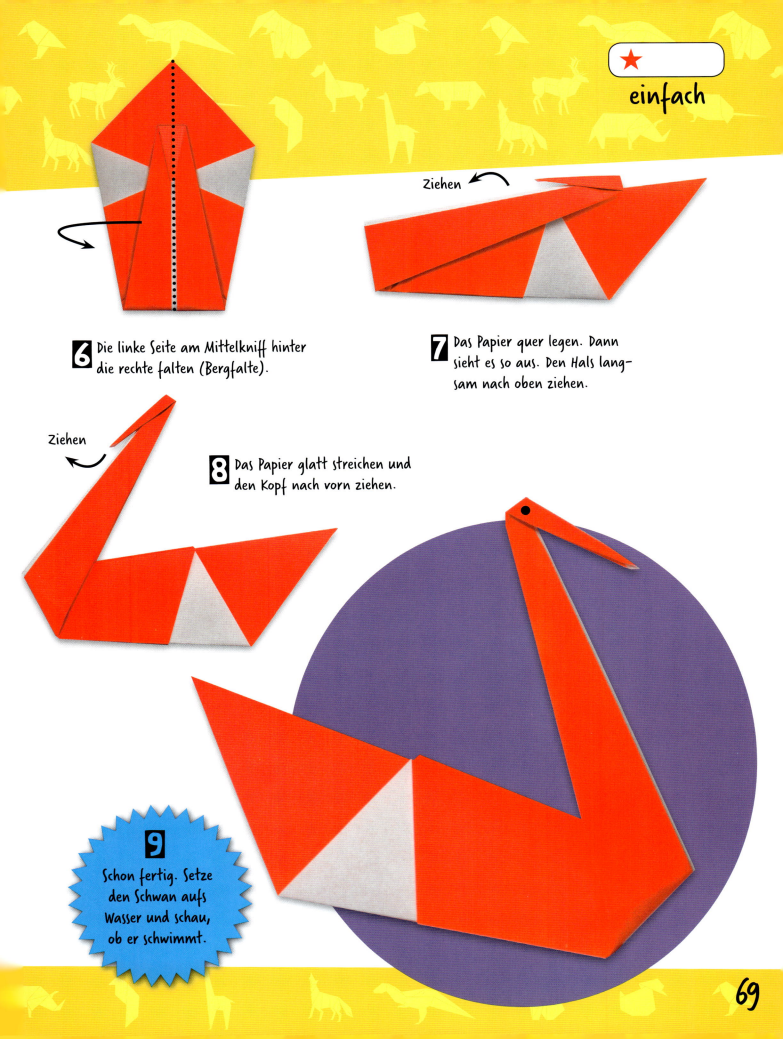

6 Die linke Seite am Mittelkniff hinter die rechte falten (Bergfalte).

7 Das Papier quer legen. Dann sieht es so aus. Den Hals langsam nach oben ziehen.

8 Das Papier glatt streichen und den Kopf nach vorn ziehen.

9 Schon fertig. Setze den Schwan aufs Wasser und schau, ob er schwimmt.

Pelikan

Mit seinem riesigen Schnabel fängt der Pelikan Fische und andere kleine Wassertiere, um sie zu fressen.

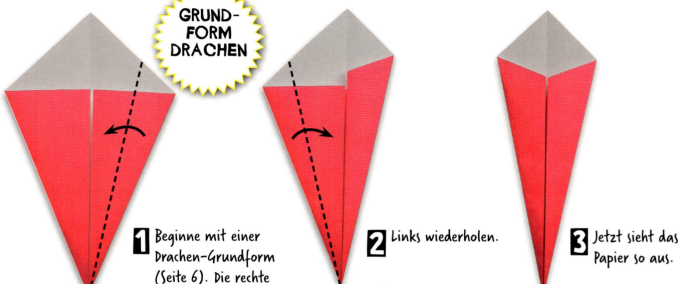

GRUNDFORM DRACHEN

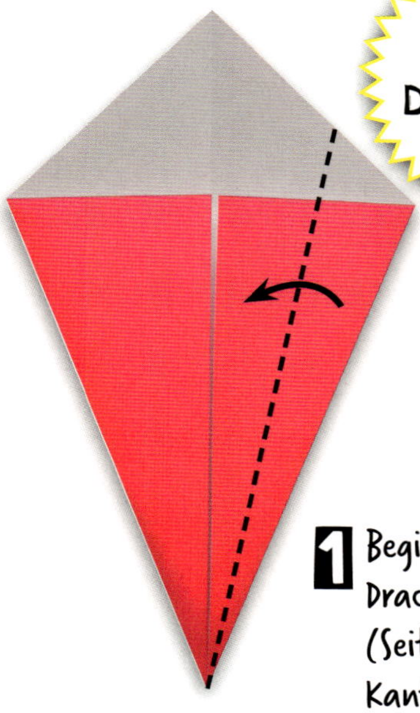

1 Beginne mit einer Drachen-Grundform (Seite 6). Die rechte Kante bis zum Mittelkniff falten (Talfalte).

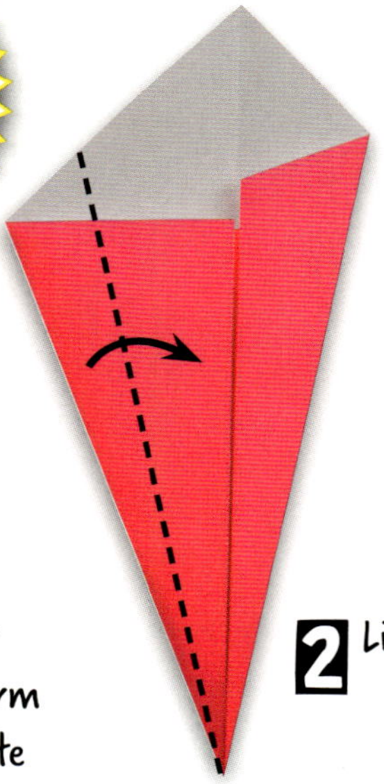

2 Links wiederholen.

3 Jetzt sieht das Papier so aus.

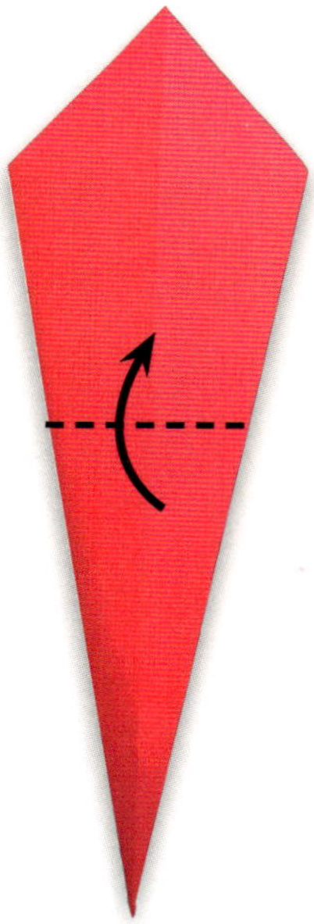

4 Das Papier wenden und die untere Spitze weit nach oben falten (Talfalte).

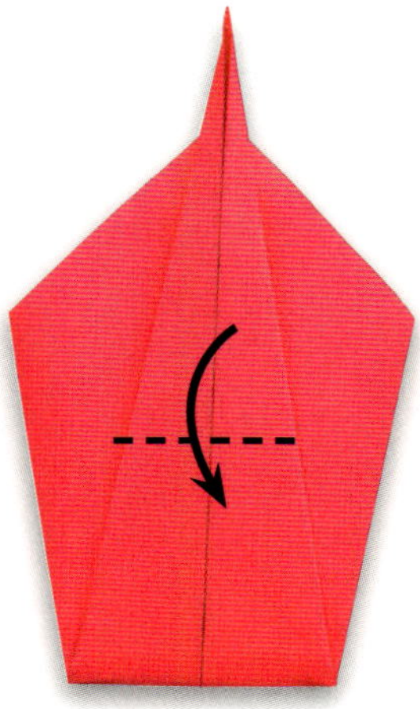

5 Die Spitze wieder nach unten falten.

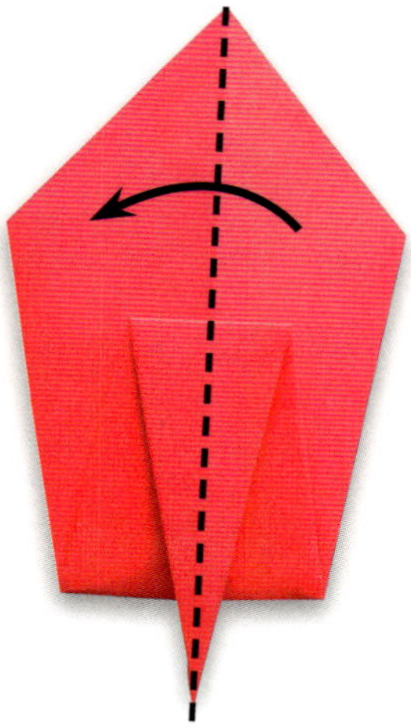

6 Das Papier von rechts nach links zur Hälfte falten (Talfalte).

★ einfach

7 Das Papier quer drehen. Die Spitze steht links heraus.

8 Den Hals des Pelikans vorsichtig von innen hochziehen und aufrecht stellen. Das Schwanzende nach hinten falten (Bergfalte).

9 Öffnen, dann für den Schwanz einen „Gegenbruch nach innen" falten.

10 Und schon kann der Pelikan mit seinem großen Schnabel auf Fischfang gehen.

Taube

Die Taube ist in vielen Ländern ein Symbol für Liebe und Frieden. Hier kannst Du lernen, Dir selbst ein Friedenssymbol zu falten.

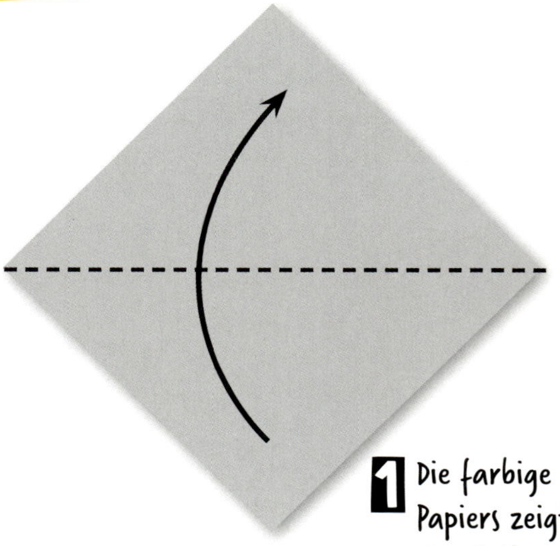

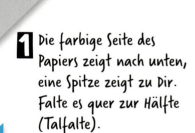

1 Die farbige Seite des Papiers zeigt nach unten, eine Spitze zeigt zu Dir. Falte es quer zur Hälfte (Talfalte).

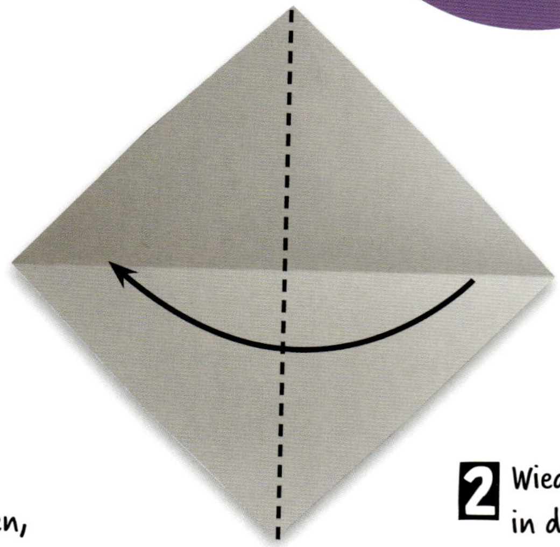

2 Wieder ausbreiten und in der anderen Richtung wiederholen.

3 So ausrichten, dass die lange Kante rechts liegt. Falte die linke Spitze von links nach rechts (Talfalte).

4 Falte die gleiche Spitze von rechts nach links (Talfalte).

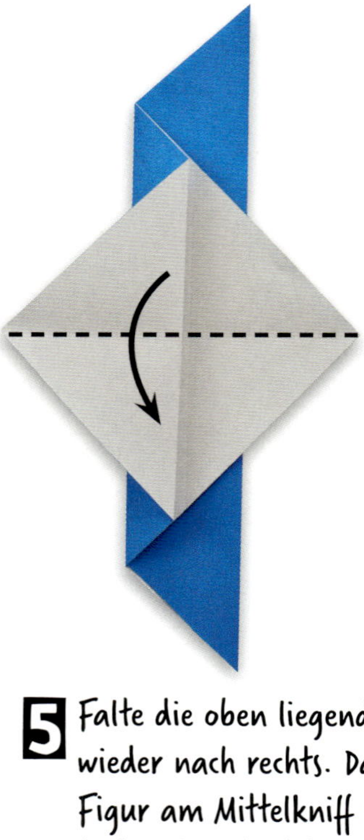

5 Falte die oben liegende Klapp wieder nach rechts. Dann die Figur am Mittelkniff zur Hälf falten (Bergfalte).

★ einfach

6 Für den Flügel nur die obere Klappe nach oben falten. Auf der Rückseite wiederholen.

7 Die linke Spitze nach hinten falten.

8 Wieder öffnen, dann für den Schnabel einen „Gegenbruch nach innen" falten.

9 Die Flügel vorsichtig ausbreiten, und schon kann die Taube fliegen.

Singvogel

Viele Vögel singen in unseren Gärten. Setze diesen ans Fenster, vielleicht kommen sie dann näher.

GRUNDFORM DRACHEN

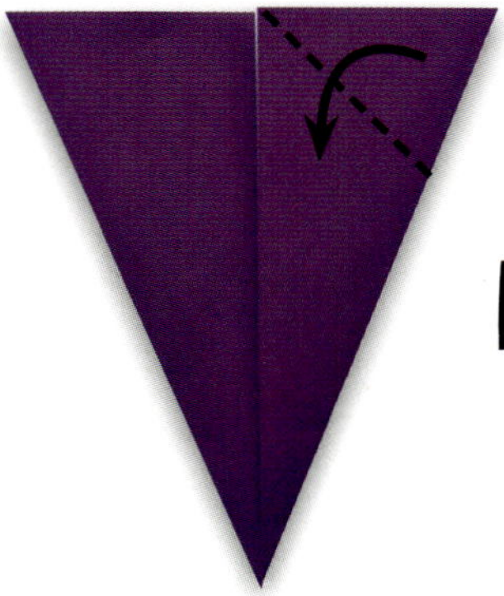

1 Beginne mit einer Drachen-Grundform (Seite 6). Das obere Dreieck nach hinten falten (Bergfalte).

2 Die obere rechte Ecke bis an den Mittelkniff falten.

3 Links wiederholen.

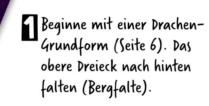

4 Jetzt sieht das Papier so aus.

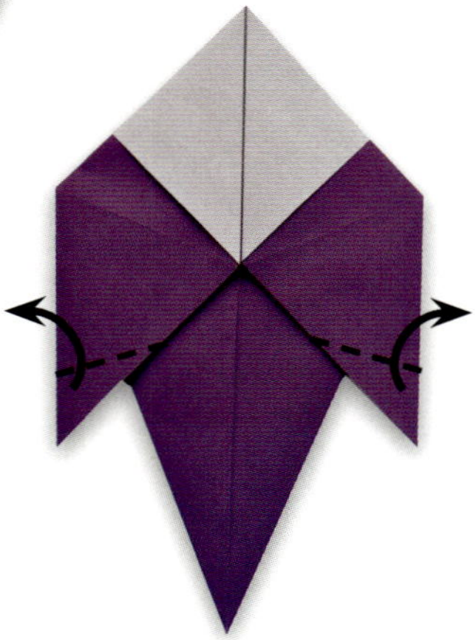

5 Die rechte Ecke vorsichtig öffnen.

6 Das Papier glatt streichen. Dabei entsteht diese Figur. Links wiederholen.

7 Beide Spitzen nach oben falten. Das werden die Füße.

★★
mittel

8 Das Modell am Mittelkniff zur Hälfte falten (Talfalte).

9 Mach in die untere Spitze eine Stufenfalte. Öffnen, dann den Schwanz an den Kniffen nach innen und wieder nach außen falten. Die obere Spitze nach vorn falten.

10 Das Papier quer drehen. die helle Falte öffnen, dann für den Kopf einen „Gegenbruch nach innen" falten.

11 So sieht Dein Vogel von oben aus.

12 Stelle den fertigen Vogel auf die Füße. Nun kann er Würmer picken.

Eule

In Geschichten werden Eulen oft als klug und weise beschrieben. Der gefalteten Eule sieht man an, dass Eulen auch gute Jäger sind.

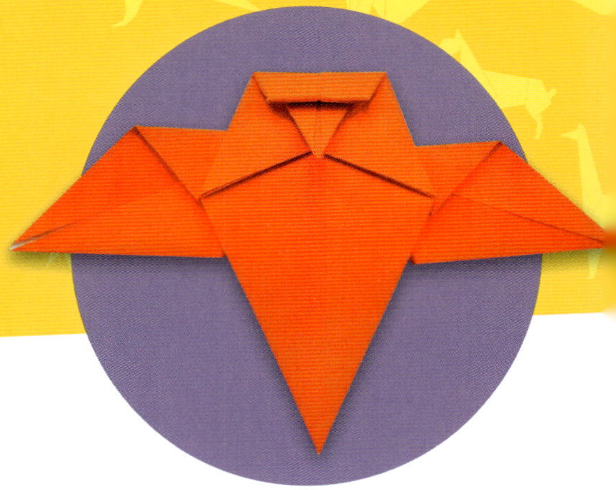

GRUNDFORM VOGEL

1 Beginne mit einer Vogel-Grundform (Seite 8). Der Schlitz zeigt nach unten. Die obere der beiden Klappen hinunter auf die untere Spitze falten.

2 Jetzt siehst Du das Dreieck im Inneren.

3 Das Modell wenden und Schritt 1 wiederholen. Nun zeigt das innere Dreieck nach oben. Die obere rechte Ecke zum Mittelkniff falten (Talfalte).

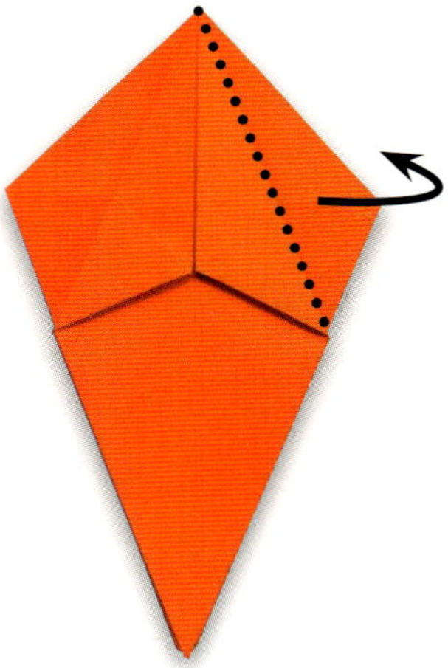

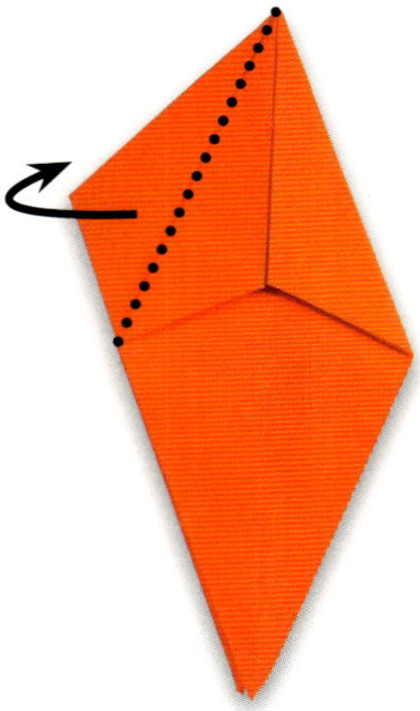

4 Links wiederholen.

5 Die rechte Ecke nach hinten falten (Bergfalte).

6 Links wiederholen.

★ einfach

7 Jetzt sieht Dein Papier so aus.

8 Die obere Klappe anheben und die innen liegende Spitze vorsichtig herausziehen, wie auf dem Bild.

9 Flach legen und glatt streichen. Das ist ein Flügel.

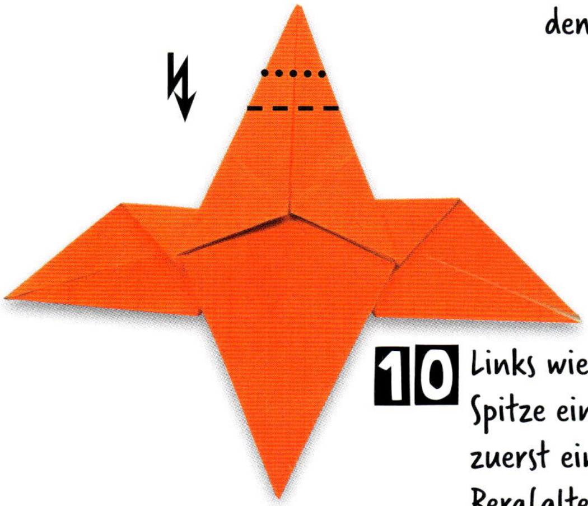

10 Links wiederholen. In die obere Spitze eine Stufenfalte machen: zuerst eine Talfalte, dann eine Bergfalte.

11 Den Kopf mit dem Schnabel nach vorn falten (Talfalte).

12 Die Eule ist fertig und kann geräuschlos durch die Nacht fliegen.

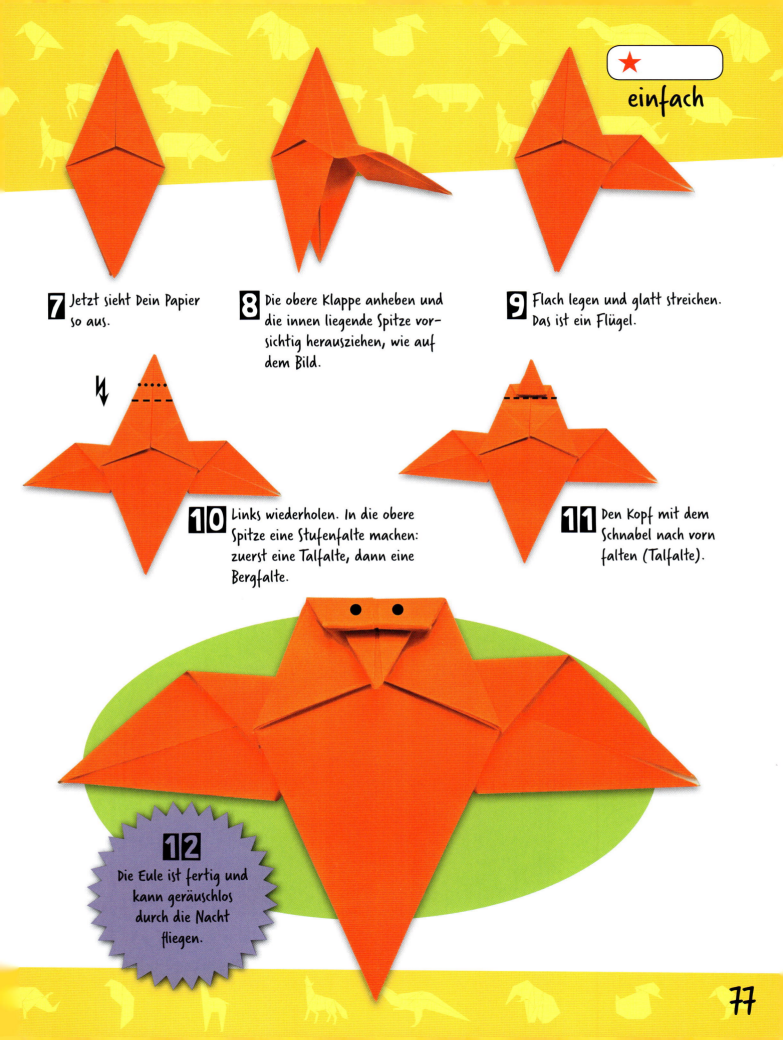

Schmetterling

Schmetterlinge haben vier Flügel. Die Muster auf beiden Seiten sind spiegelgleich. Vielleicht möchtest Du Deinen bemalen, wenn er fertig ist?

1 Die farbige Seite des Papiers zeigt nach unten. Längs und quer zur Hälfte falten (Talfalten) und wieder öffnen.

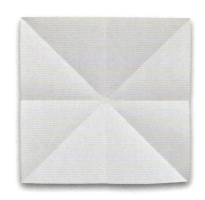

2 Jetzt das Papier über Eck zur Hälfte falten und wieder öffnen. In der anderen Richtung wiederholen.

3 Die obere rechte Ecke zum Mittelpunkt falten. Mit den anderen Ecken wiederholen.

4 Noch einmal die obere rechte Ecke zum Mittelpunkt falten.

5 Mit den anderen Ecken wiederholen.

6 Jetzt hast Du so ein kleines Quadrat.

★★
mittel

7 Das Papier ganz auseinanderfalten. Das rechte Viertel zur Mitte falten.

8 Auch das linke Viertel zur Mitte falten.

9 Jetzt sieht Dein Papier so aus.

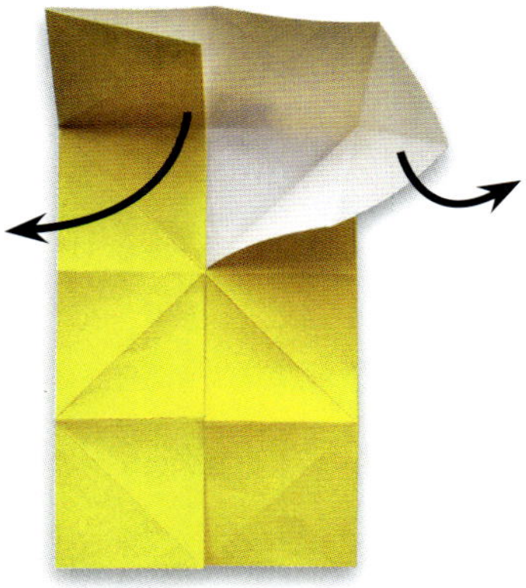

10 Die oberen Ecken vorsichtig auseinanderziehen, bis die Oberkante nach vorn kommt.

11 Die Ecken ganz nach außen ziehen und die Oberkante herabdrücken. Dabei entsteht diese Form.

12 Glatt streichen.

13 Mit den unteren Ecken ebenso verfahren. Die obere Hälfte nach hinten falten (Bergfalte).

14 Die obere rechte Klappe nach vorn falten (Talfalte).

15 Links wiederholen.

Schmetterling
(Fortsetzung)

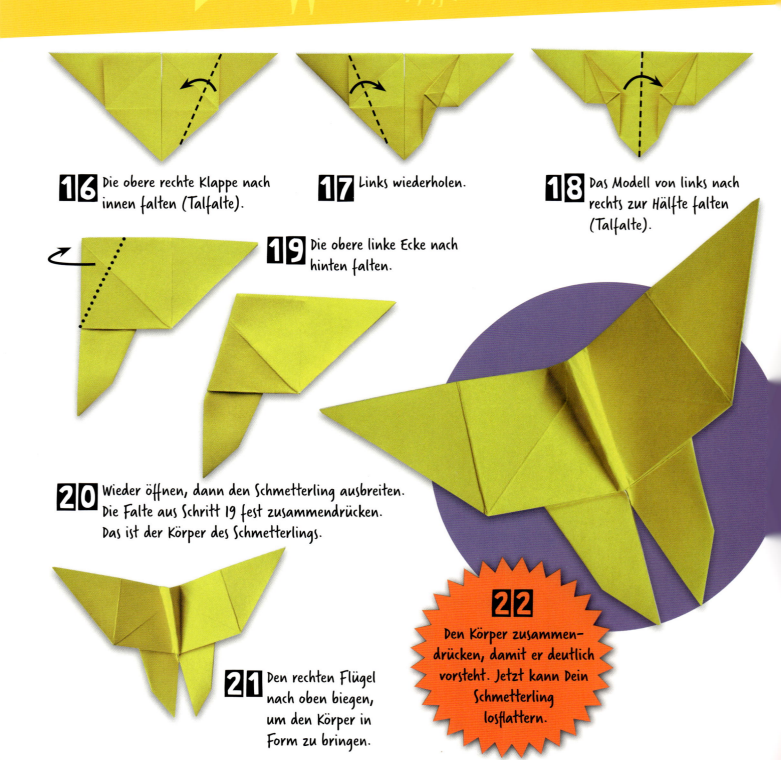

16 Die obere rechte Klappe nach innen falten (Talfalte).

17 Links wiederholen.

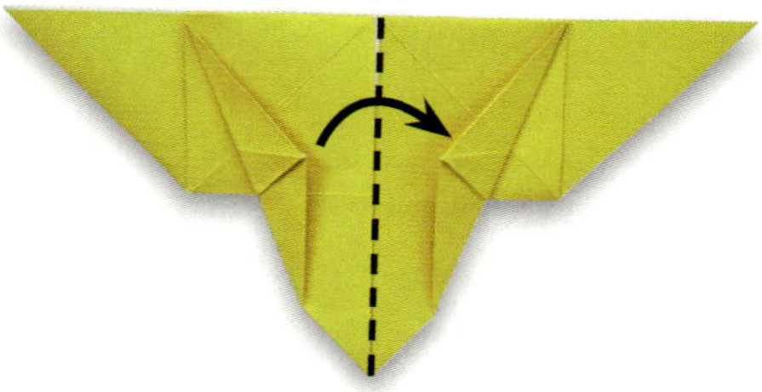

18 Das Modell von links nach rechts zur Hälfte falten (Talfalte).

19 Die obere linke Ecke nach hinten falten.

20 Wieder öffnen, dann den Schmetterling ausbreiten. Die Falte aus Schritt 19 fest zusammendrücken. Das ist der Körper des Schmetterlings.

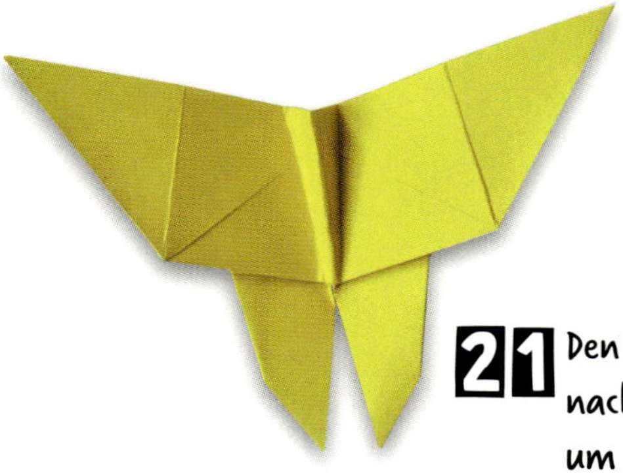

21 Den rechten Flügel nach oben biegen, um den Körper in Form zu bringen.

22 Den Körper zusammendrücken, damit er deutlich vorsteht. Jetzt kann Dein Schmetterling losflattern.

In grauer Vorzeit

Dinosaurier lebten vor Millionen von Jahren. Nicht alle waren so groß wie Diplodocus oder so gefährlich wie der T. rex. Es gab Saurier in ganz verschiedenen Formen und Größen.

Junger Maiasaura

Maiasaura bedeutet „gute Mutter Echse“, denn diese Saurier beschützten ihre Jungen gut. Hier kannst Du lernen, ein Saurierbaby zu falten.

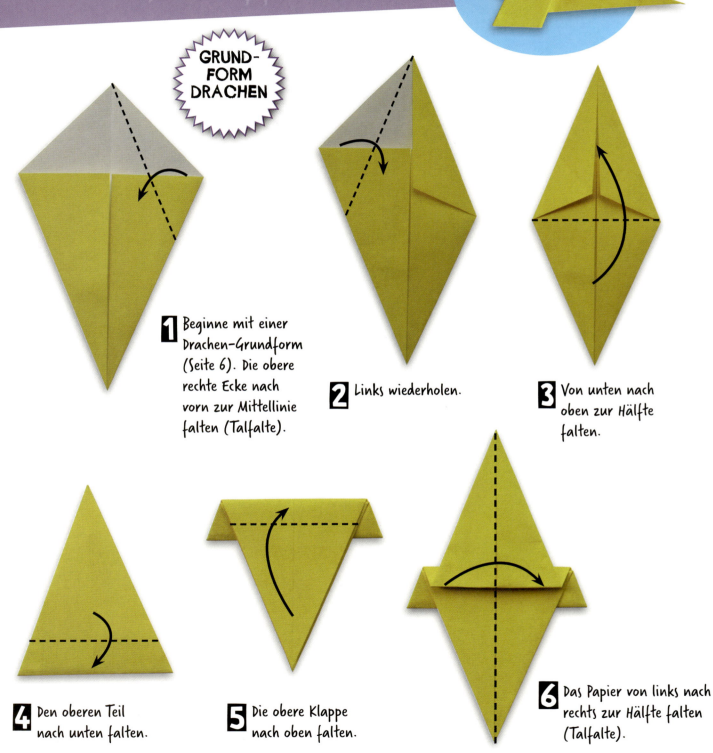

GRUND-FORM DRACHEN

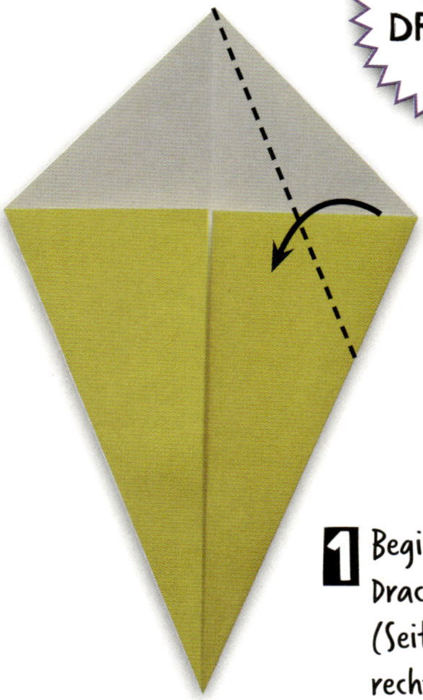

1 Beginne mit einer Drachen-Grundform (Seite 6). Die obere rechte Ecke nach vorn zur Mittellinie falten (Talfalte).

2 Links wiederholen.

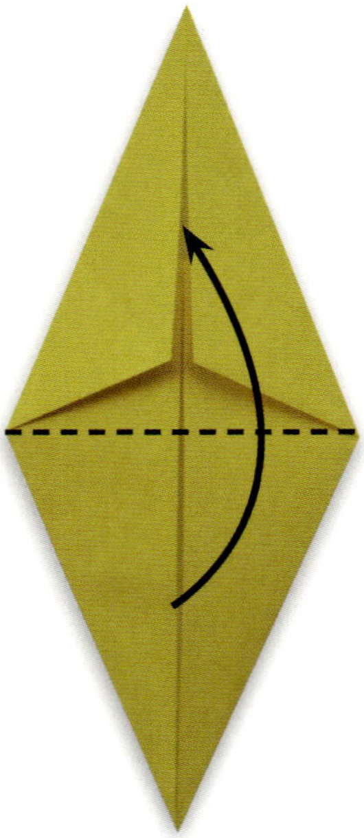

3 Von unten nach oben zur Hälfte falten.

4 Den oberen Teil nach unten falten.

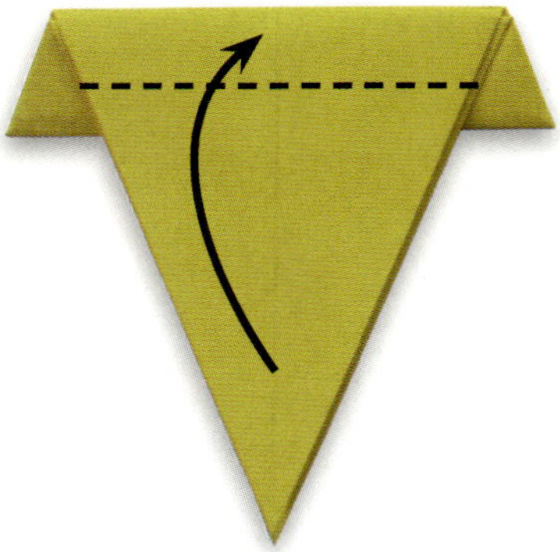

5 Die obere Klappe nach oben falten.

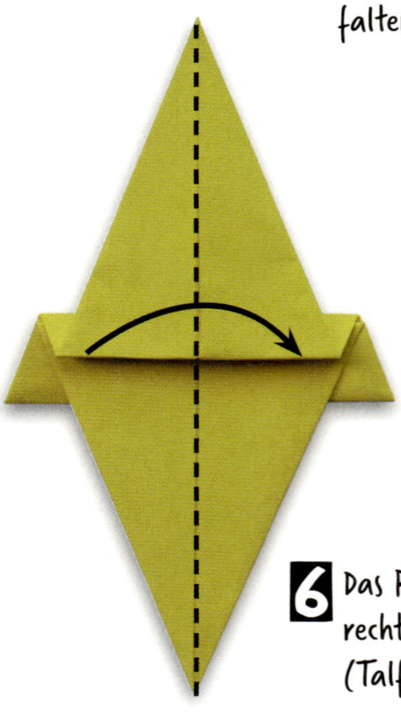

6 Das Papier von links nach rechts zur Hälfte falten (Talfalte).

★ einfach

7 Das Papier so drehen wie auf dem Bild. Die linke Spitze schräg nach hinten falten (Bergfalte).

8 Wieder öffnen, dann für den Kopf einen „Gegenbruch nach innen" falten.

9 Die Nase nach innen drücken, damit sie stumpf wird.

10 Das Baby ist fertig! Aus einem großen Bogen Papier kannst Du seine Mama falten.

Diplodocus

Diplodocus war ein riesiger Pflanzenfresser. Seinen langen, kräftigen Schwanz hat er benutzt, um sich zu verteidigen.

GRUNDFORM DRACHEN

1 Falte eine Drachen-Grundform (Seite 6) und drehe sie quer, wie auf dem Bild. Das Papier zeigt mit der farbigen Seite nach oben.

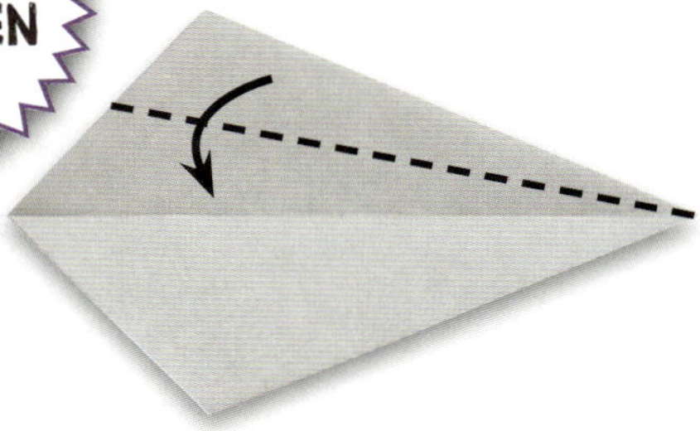

2 Wenden. Die obere Kante zum Mittelkniff falten (Talfalte).

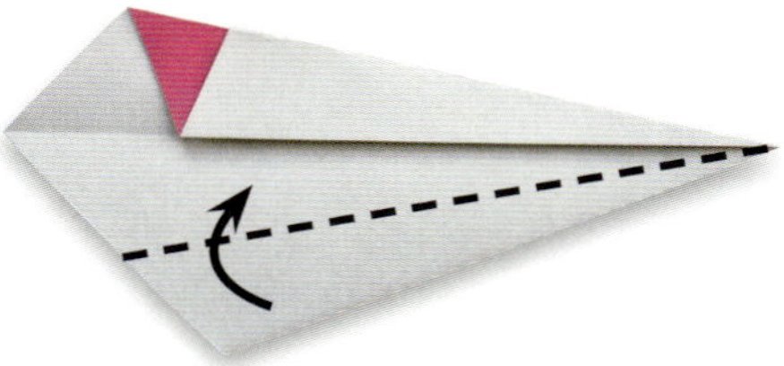

3 Unten wiederholen.

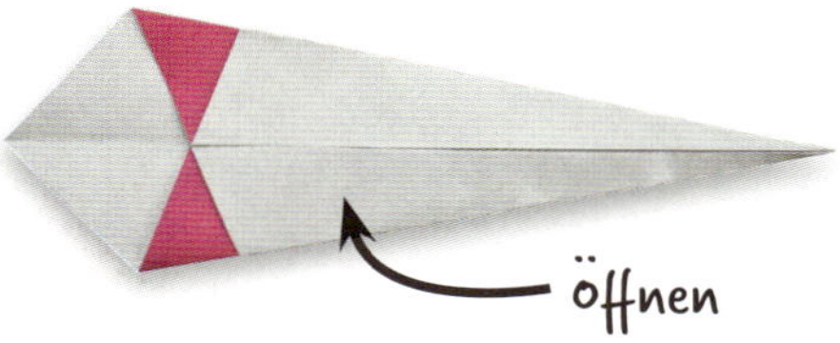

4 Öffne die beiden oberen Klappen. Du siehst auf jeder Klappe eine Bergfalte.

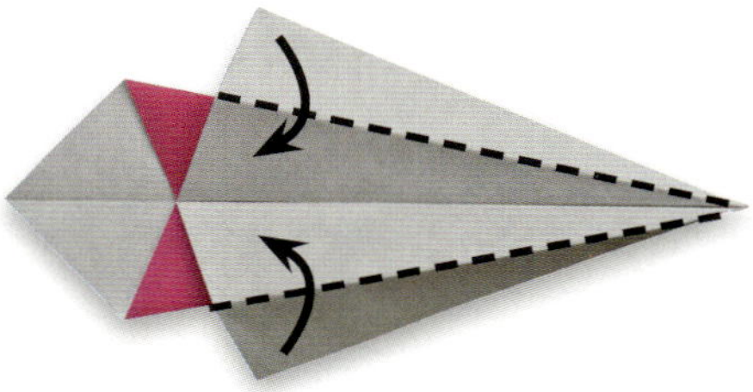

5 Falte die Klappen in die andere Richtung. Aus den Bergfalten werden also Talfalten.

6 Jetzt sieht das Papier so aus.

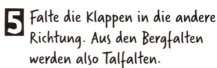

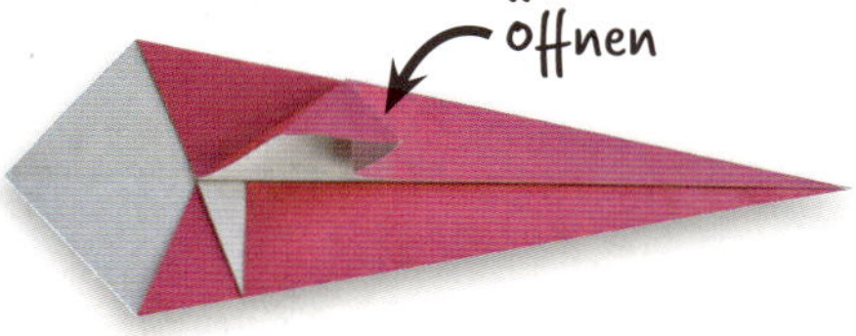

7 Vorsichtig die Ecke der oberen Klappe anheben.

8 Zu einem Dreieck aufziehen und glatt streichen.

9 Auf der unteren Seite wiederholen.

10 Die obere linke Ecke öffnen.

11 Zu einem Dreieck nach rechts ziehen. Es liegt teilweise auf dem Dreieck von Schritt 8.

★★ mittel

12 Auf der unteren Seite wiederholen. Die untere Hälfte der Figur nach hinten falten (Bergfalte).

13 Die Klappen zeigen nach rechts. Falte sie auf beiden Seiten der Figur nach außen und links. Das sind die Beine.

14 Die rechte Spitze schräg so falten, dass sie gerade nach oben zeigt.

15 Öffnen, dann für den Hals einen „Gegenbruch nach innen" falten.

16 Das Papier glatt streichen.

17 Die oberste Spitze nach hinten falten (Bergfalte).

18 Öffnen, dann für den Kopf einen „Gegenbruch nach innen" falten.

19 Den Kopf glatt streichen und etwas schräg biegen. Die Nasenspitze eindrücken, damit die Nase stumpf wird.

20 Stell den niedlichen Diplodocus auf – aber hüte Dich vor seinem Schwanz!

Plesiosaurus

Saurier lebten nicht nur an Land, sondern schwammen auch in den Meeren. Einer davon war der riesige Plesiosaurus mit dem langen Hals.

GRUNDFORM FISCH

1 Beginne mit einer Fisch-Grundform (Seite 6). Die Klappen zeigen nach links. Das Papier zur Hälfte falten (Bergfalte).

2 Die obere Klappe zur Mitte falten (Talfalte). Auf der Rückseite wiederholen.

3 Die linke Spitze steil nach oben falten (Talfalte).

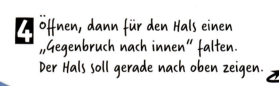

4 Öffnen, dann für den Hals einen „Gegenbruch nach innen" falten. Der Hals soll gerade nach oben zeigen.

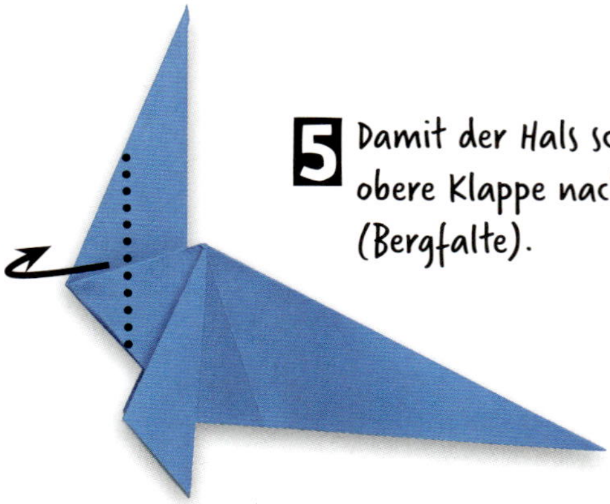

5 Damit der Hals schmaler wird, die obere Klappe nach innen falten (Bergfalte).

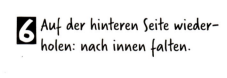

6 Auf der hinteren Seite wiederholen: nach innen falten.

7 Die obere Spitze schräg nach hinten falten (Bergfalte).

mittel

8 Öffnen und für den Kopf einen „Gegenbruch nach innen" falten. Den Kopf glatt streichen und etwas schräg stellen.

9 Die Nasenspitze eindrücken. Am Schwanzende eine Stufenfalte machen (zuerst Bergfalte, dann Talfalte).

10 Wieder öffnen. Den Schwanz auf diesen Kniffen nach innen und wieder nach außen falten.

11 Die untere Spitze nach oben falten (Talfalte).

12 Auf der anderen Seite wiederholen. Das sind die beiden Flossen.

13 Dein prähistorisches Seeungeheuer ist fertig. Auf seinen Flossen kann es stehen.

Allosaurus

Allosaurus sah seinem berühmten Cousin, dem T. rex, recht ähnlich. Er war deutlich kürzer und kleiner, aber außerordentlich gefährlich.

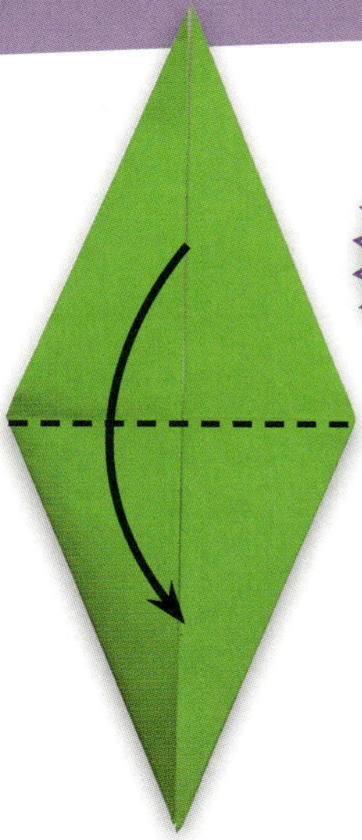

GRUND-FORM VOGEL

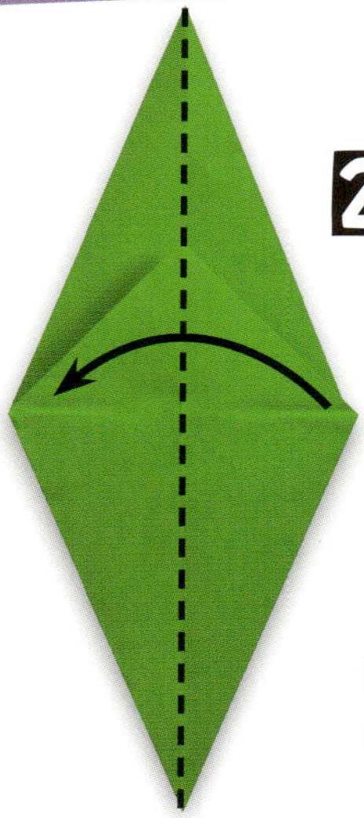

2 Die Figur von rechts nach links zur Hälfte falten (Talfalte). So quer legen, dass die offenen Klappen rechts liegen.

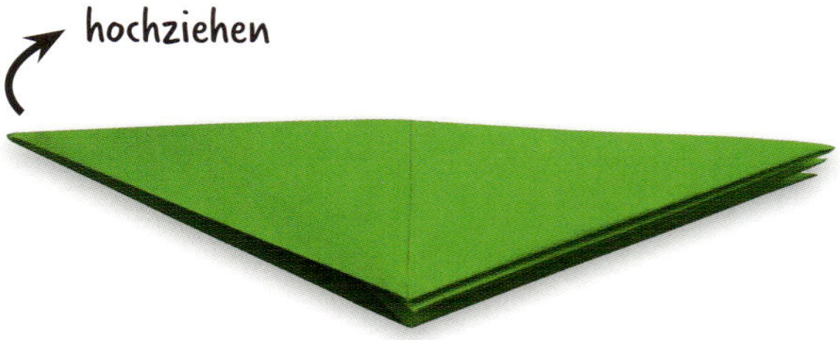

1 Beginne mit einer Vogel-Grundform (Seite 8). Die Klappen mit dem Schlitz zeigen nach unten. Die vordere obere Klappe nach unten falten (Talfalte).

3 Ziehe die linke Klappe hoch. Darunter kommt ein Dreieck zum Vorschein, das Du auf Bild 4 sehen kannst.

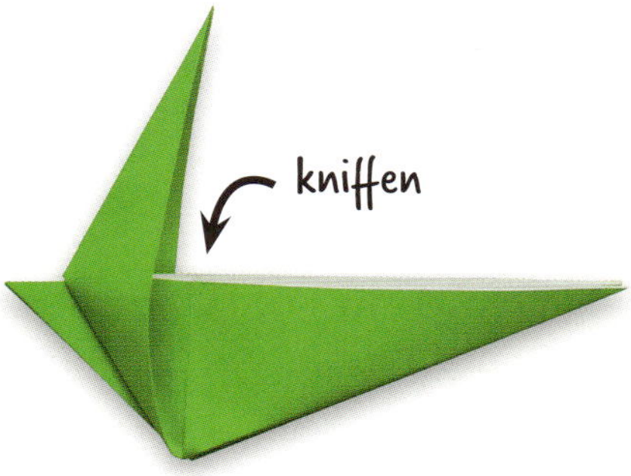

4 Die Kante des aufrechten Teils soll am Kniff auf dem Körper liegen. Das Papier glatt streichen.

5 Die obere Spitze nach vorn falten.

6 Öffnen und für den Kopf einen „Gegenbruch nach außen" falten.

7 Die Nasenspitze eindrücken, damit sie stumpf wird.

★ ★ ★
schwierig

8 Die Spitze am Vorderteil nach vorn falten. Der Kniff reicht bis in die Öffnung am Hals hinein.

9 Öffnen, dann für die Vorderbeine einen „Gegenbruch nach innen" falten.

10 Für ein Hinterbein die obere hintere Klappe nach unten falten. Auf der anderen Seite wiederholen.

11 Für einen Fuß das Ende eines Beins schräg nach oben falten.

12 Auf der anderen Seite wiederholen.

13 Jetzt kannst Du den Allosaurus auf seine Füße stellen. Vorsicht, bissig!

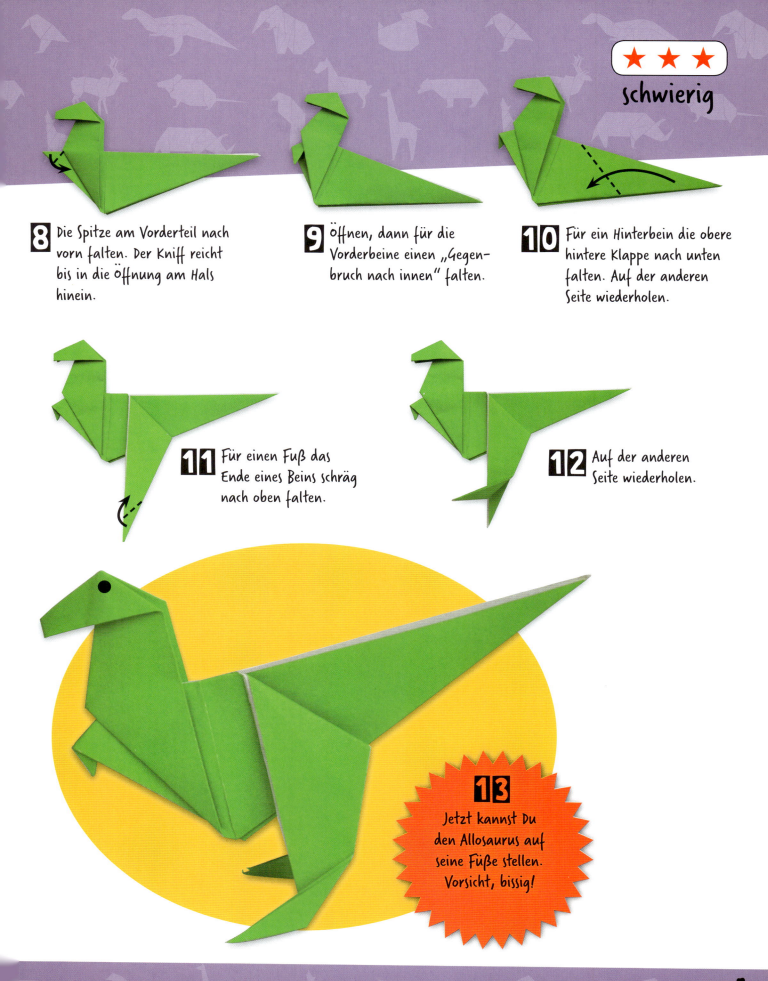

Stegosaurus

Stegosaurus trug auf dem Rücken zwei Reihen aus Knochenplatten. Er drehte sich mit der Breitseite zur Sonne, um sich aufzuwärmen.

KOPF UND KÖRPER

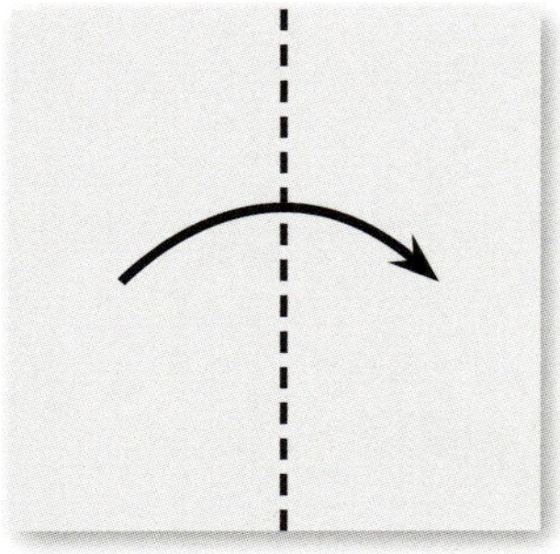

1 Das Papier zeigt mit der farbigen Seite nach unten. Zur Hälfte falten (Talfalte) und wieder öffnen.

2 Die rechte Kante bis zum Mittelkniff falten (Talfalte).

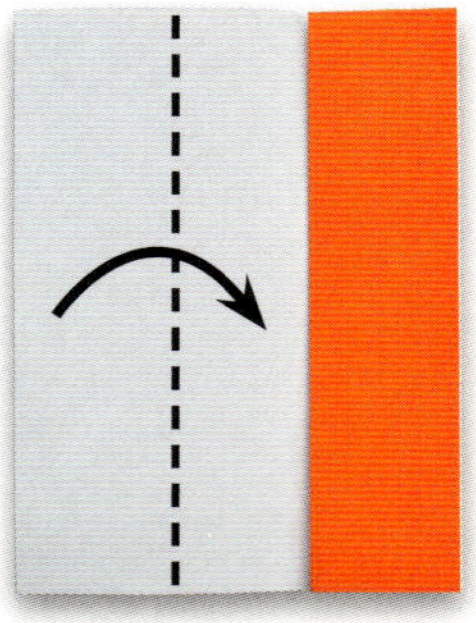

3 Links wiederholen.

4 Die obere rechte Ecke zur Mittellinie falten.

5 Links wiederholen.

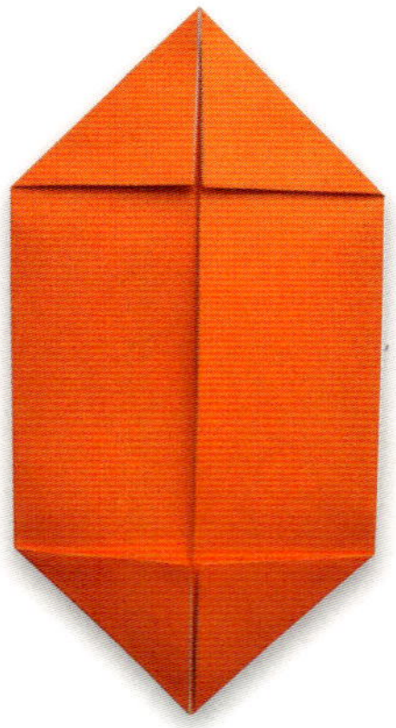

6 Schritt 4 und 5 mit den unteren Ecken wiederholen.

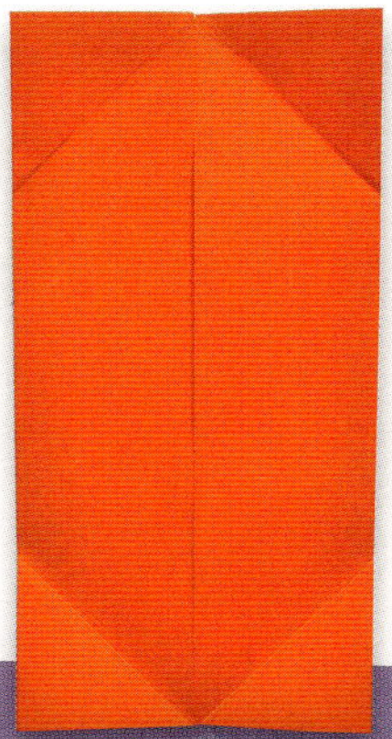

7 Alle Ecken wieder entfalten. Dann sieht das Papier so aus.

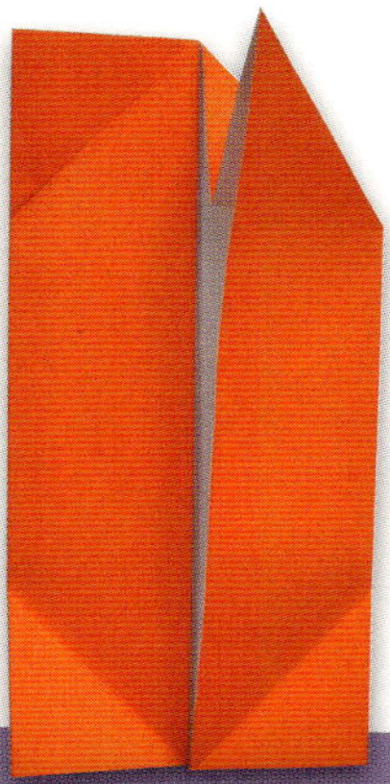

8 Die obere rechte Ecke öffnen und einen „Gegenbruch nach innen" falten.

★ ★ ★ schwierig

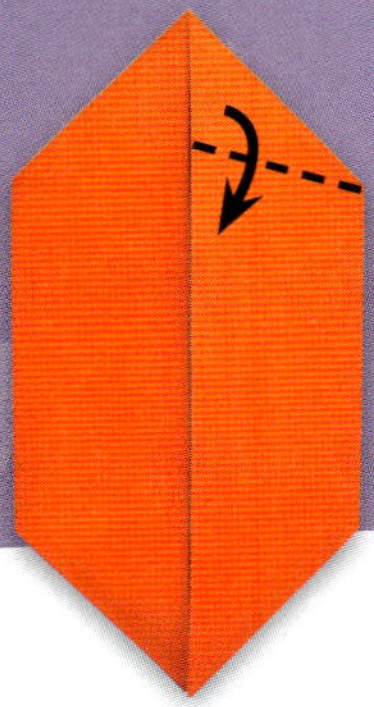

9 Alle Ecken so falten. Die obere rechte Klappe schräg nach unten falten. Sie ragt etwas über die Mittellinie.

10 Links wiederholen.

11 Schritt 9 und 10 mit den unteren Klappen wiederholen.

12 Jetzt sieht das Papier so aus. Das Modell wenden.

13 Die oberen Kanten schmal nach vorn falten (Talfalte).

14 Die unteren Kanten so zur Mitte falten, dass sie eng zusammentreffen.

15 Das Papier von rechts nach links zur Hälfte falten.

16 Das Papier so drehen wie auf dem Bild. Die linke Spitze nach hinten falten (Bergfalte).

17 Öffnen, dann für den Hals einen „Gegenbruch nach innen" falten.

18 Die äußerste Spitze nach hinten falten (Bergfalte).

19 Jetzt für den Kopf einen „Gegenbruch nach außen" falten. Die Nasenspitze eindrücken, damit sie stumpf wird.

Stegosaurus (Fortsetzung)

DER RÜCKEN

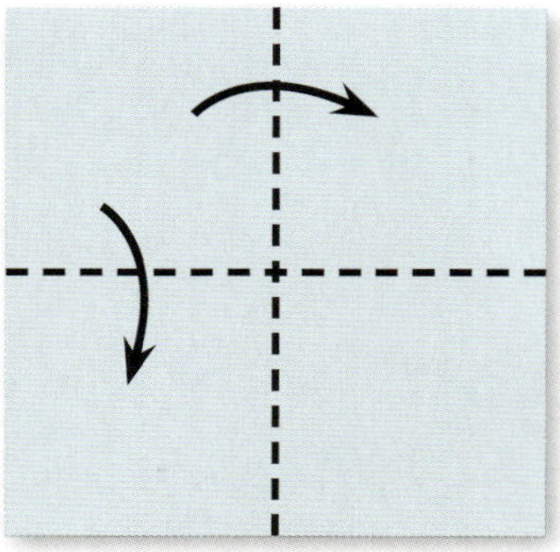

1 Das Papier zeigt mit der farbigen Seite nach unten. Längs und quer zur Hälfte falten (Talfalten).

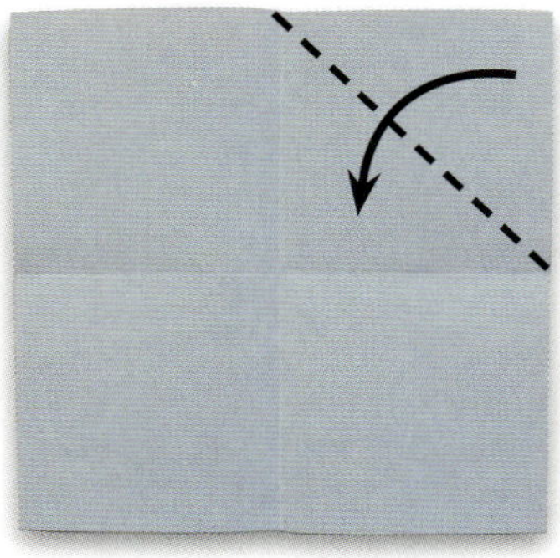

2 Wieder öffnen. Dann die obere rechte Ecke zur Mitte falten.

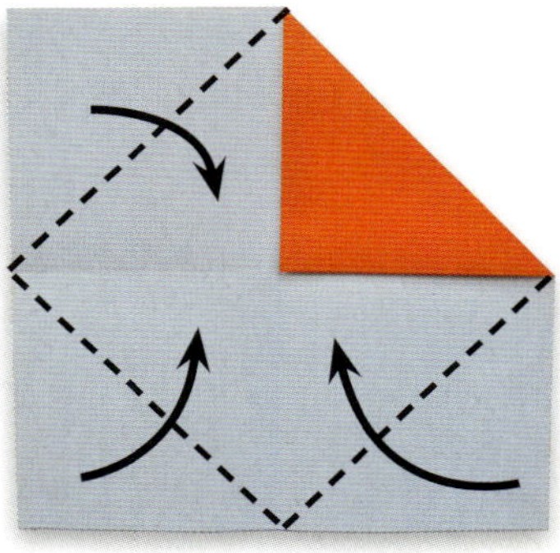

3 Mit den anderen Ecken wiederholen.

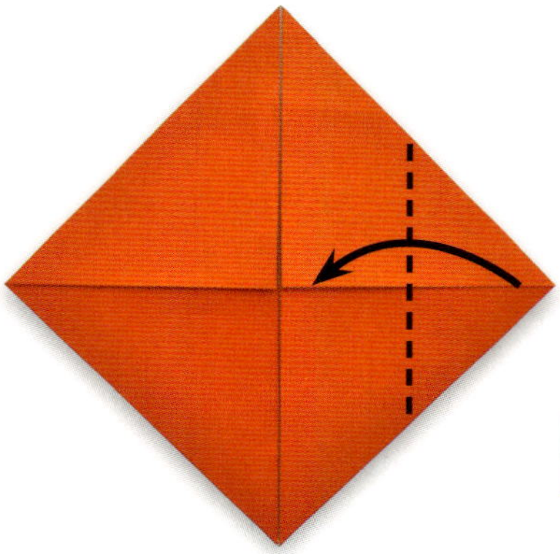

4 Die rechte Ecke zum Mittelpunkt falten (Talfalte).

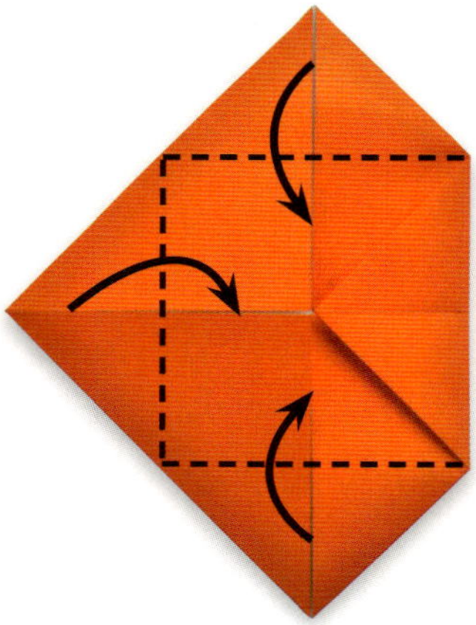

5 Mit den anderen drei Ecken wiederholen.

6 Die obere Klappe mit etwas Abstand nach oben falten (Talfalte).

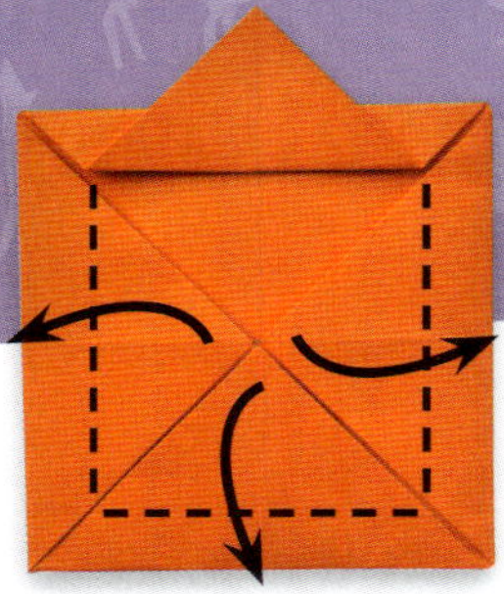

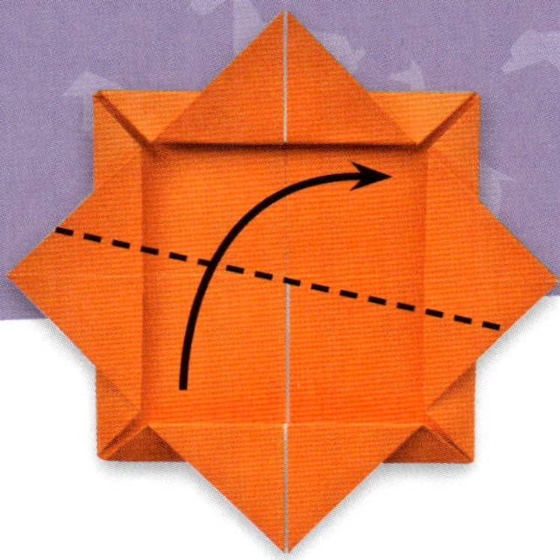

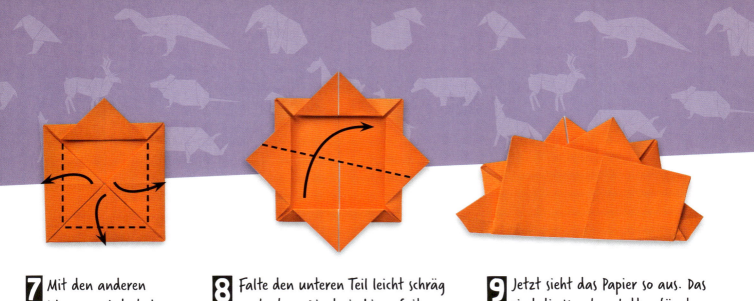

7 Mit den anderen Klappen wiederholen.

8 Falte den unteren Teil leicht schräg nach oben. Die dreieckigen Spitzen sollen „auf Lücke" stehen.

9 Jetzt sieht das Papier so aus. Das sind die Knochenplatten für den Stegosaurus.

DEN STEGOSAURUS ZUSAMMENSETZEN

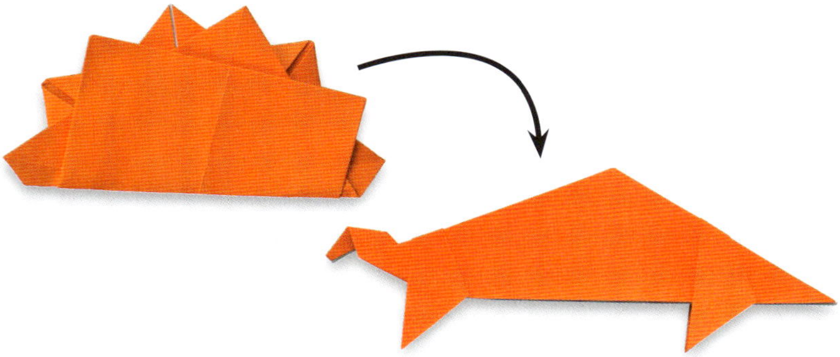

1 Schiebe die Knochenplatten in den Rücken des Körpers.

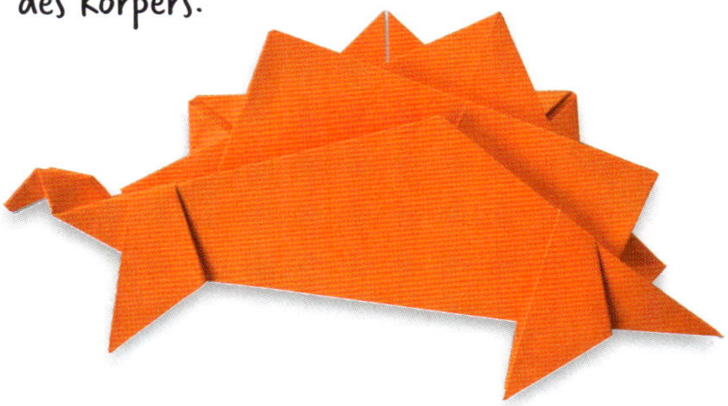

2 Stelle den Stegosaurus an einen sonnigen Platz, damit er sich aufwärmen kann.

T. rex

Tyrannosaurus rex, kurz T. rex, war ein gefährlicher Fleischfresser mit scharfen Zähnen. Sein Name bedeutet „König der Tyrannenechsen“.

GRUNDFORM VOGEL

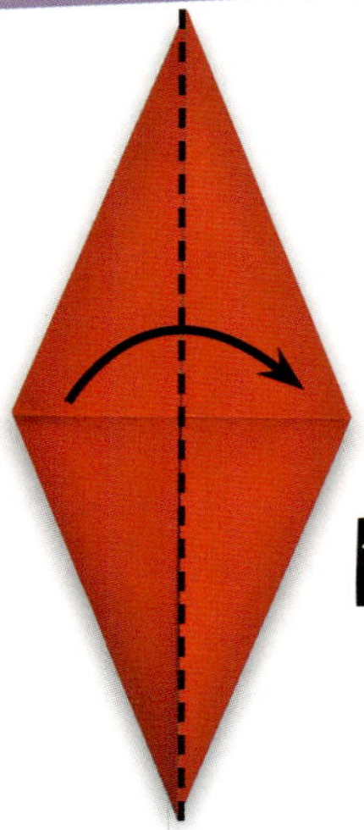

1 Beginne mit einer Vogel-Grundform (Seite 8). Die Klappen mit dem Schlitz zeigen nach unten. Die obere Klappe nach rechts falten (Talfalte).

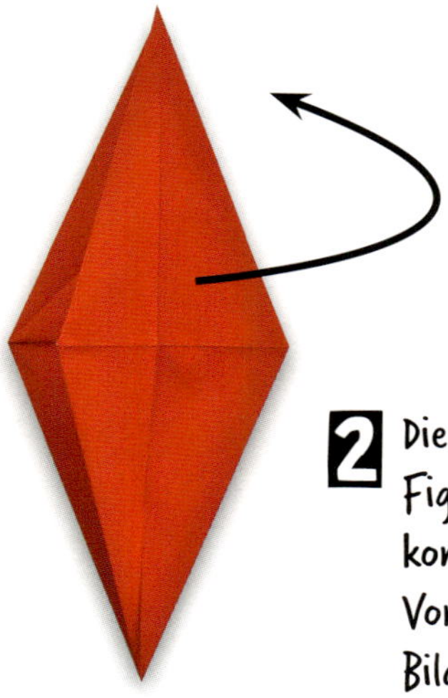

2 Die rechte Klappe hinter der Figur nach links falten. Dabei kommen oben zwei Spitzen zum Vorschein. Du kannst sie auf Bild 3 sehen.

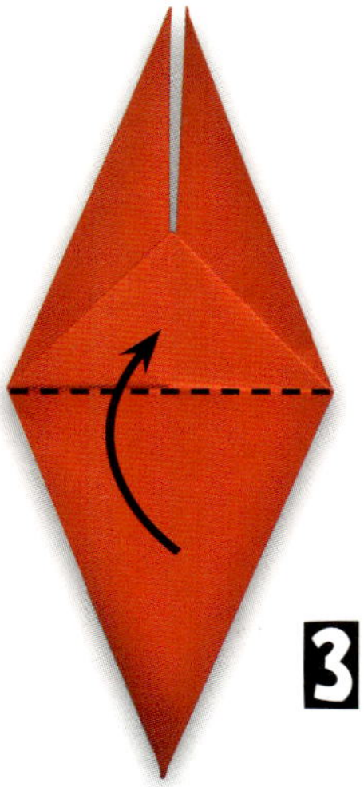

3 Die untere Klappe nach oben falten.

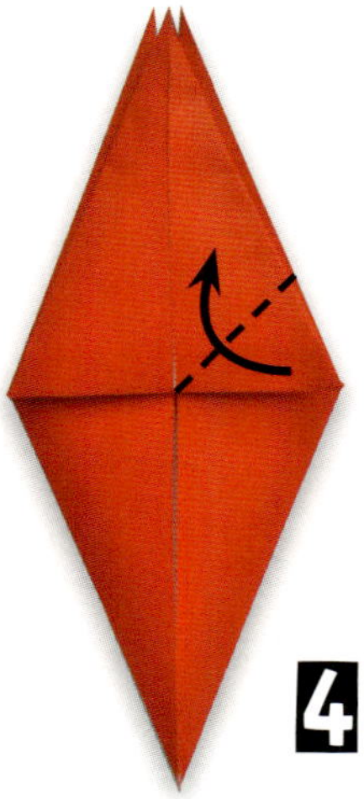

4 Die untere Ecke der oberen rechten Klappe zur Mittellinie falten.

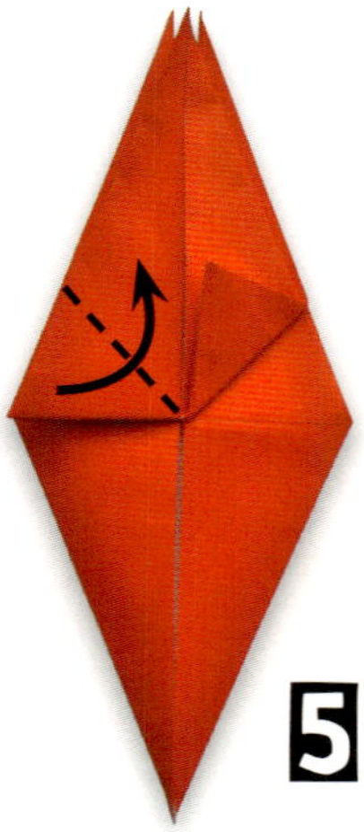

5 Links wiederholen.

6 Jetzt sieht das Papier so aus. Das Modell wenden.

7 Vorsichtig die Schwanzspitze herausziehen, bis sie so steht wie auf Bild 8.

★★★ schwierig

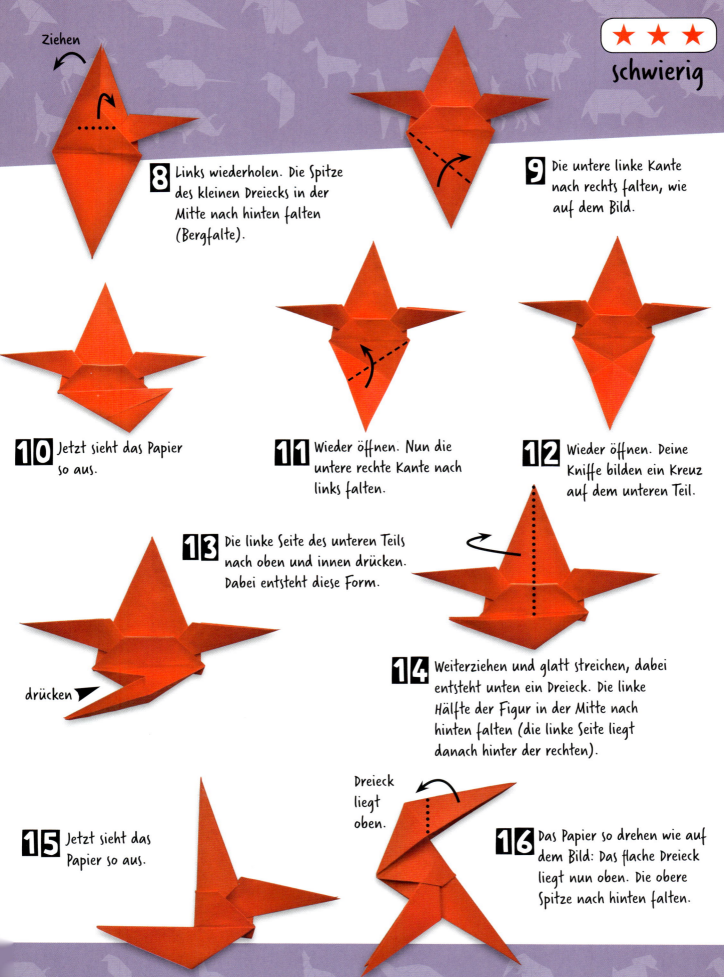

8 Links wiederholen. Die Spitze des kleinen Dreiecks in der Mitte nach hinten falten (Bergfalte).

9 Die untere linke Kante nach rechts falten, wie auf dem Bild.

10 Jetzt sieht das Papier so aus.

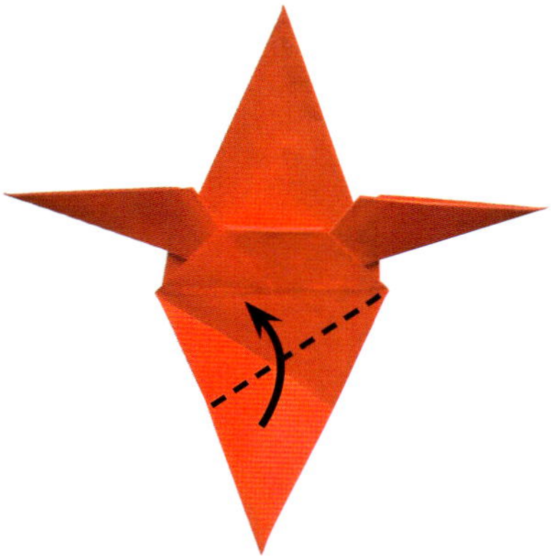

11 Wieder öffnen. Nun die untere rechte Kante nach links falten.

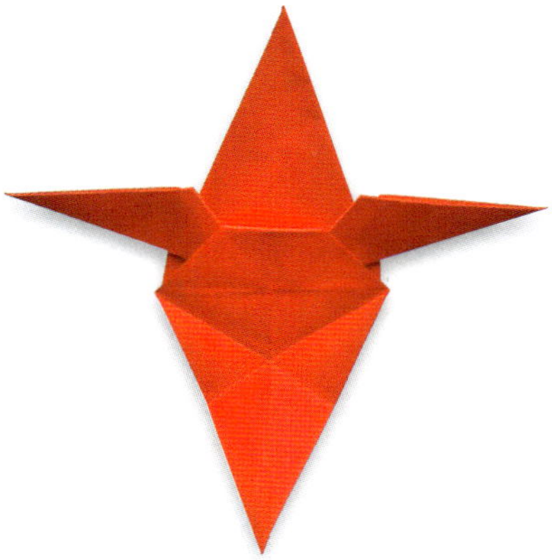

12 Wieder öffnen. Deine Kniffe bilden ein Kreuz auf dem unteren Teil.

13 Die linke Seite des unteren Teils nach oben und innen drücken. Dabei entsteht diese Form.

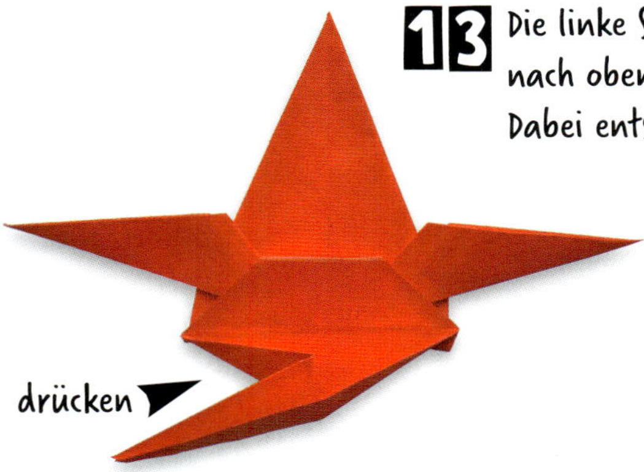

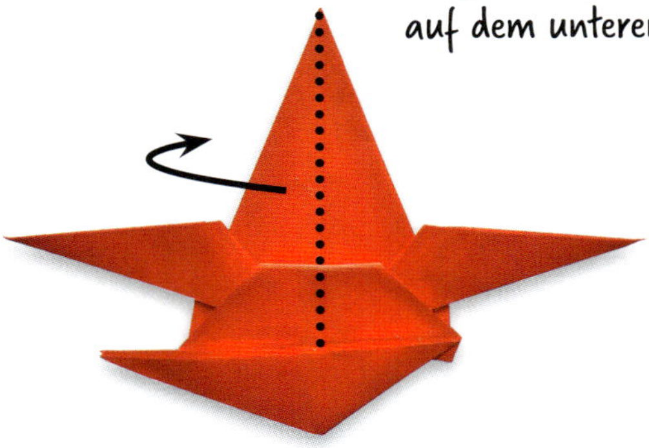

14 Weiterziehen und glatt streichen, dabei entsteht unten ein Dreieck. Die linke Hälfte der Figur in der Mitte nach hinten falten (die linke Seite liegt danach hinter der rechten).

15 Jetzt sieht das Papier so aus.

Dreieck liegt oben.

16 Das Papier so drehen wie auf dem Bild: Das flache Dreieck liegt nun oben. Die obere Spitze nach hinten falten.

T. rex (Fortsetzung)

17 Öffnen, dann für den Kopf einen „Gegenbruch nach außen" falten.

18 Die Nasenspitze eindrücken, damit sie stumpf wird.

19 Die Figur über die Brust falten (Talfalte). Den Hals nach hinten und unten drücken, um den Kopf zu senken.

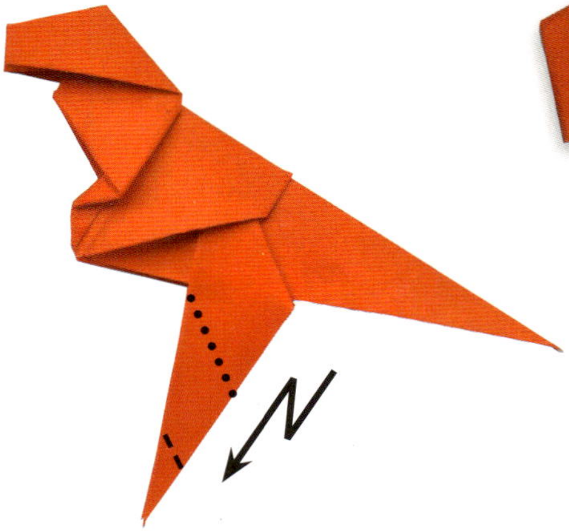

20 Ins Bein eine Bergfalte und darunter eine Talfalte machen (das ist eine Stufenfalte).

22 Den Kopf noch etwas herabdrücken, damit er groß und gefährlich aussieht. Dann ist der König der Dinos fertig.

21 Die Talfalte öffnen. Für den Fuß einen „Gegenbruch nach innen" falten. Für das andere Bein wiederholen.